Diogenes Taschenbuch 23739

AF203676

HENRY DAVID THOREAU, geboren 1817 in Concord, Massachusetts, verließ die Heimatstadt nur für seinen Studienaufenthalt an der Harvard University von 1833 bis 1837. Nach einigen Jahren Tätigkeit als Lehrer und als Privatsekretär Ralph Waldo Emersons bezog er 1845 eine selbstgebaute Blockhütte am Waldensee, in der er *Walden oder Leben in den Wäldern* schrieb. Er engagierte sich bis zu seinem Tod gegen die Sklaverei. Thoreau starb 1862 an Tuberkulose.

Denken mit
Henry David Thoreau

*Von Natur und Zivilisation,
Einsamkeit und Freundschaft,
Wissenschaft und Politik
Ausgewählt, aus dem Amerikanischen übersetzt
und mit einem Vorwort von
Philipp Wolff-Windegg*

Diogenes

Die vorliegende Ausgabe erschien
erstmals 1979 unter dem Titel ›Leben ohne Grundsätze.
Eine Auswahl aus seinen Schriften‹
in der Verlagsgemeinschaft Klett-Cotta
Copyright © 1979
J. G. Cotta'sche Buchhandlung Nachfolger GmbH,
gegr. 1659, Stuttgart
Covermotiv: Henry David Thoreau, 1856
Daguerreotypie von Benjamin D. Maxham

Veröffentlicht als Diogenes Taschenbuch, 2008
Alle Rechte an dieser Ausgabe vorbehalten
Diogenes Verlag AG Zürich
www.diogenes.ch
30/17/36/4
ISBN 978 3 257 23739 9

Inhalt

Concord ist ein Städtchen im amerikanischen Staat Massachusetts, dreißig Kilometer von Boston am Zusammenfluß
des Musketaquid und des Assabet gelegen. Der Name –
»Eintracht« – geht auf den friedlichen Vertrag zurück, mit
dem im Jahr 1635 die Indianer das Land um Concord herum
an die Kolonie Massachusetts abtraten.

In der amerikanischen Geschichte wurde Concord doppelt
berühmt: In den Jahren 1774 und 1775 tagte hier der erste
Provinzkongreß von Massachusetts, der die Loslösung der
Kolonie von England forderte. Eine britische Strafexpedition
wurde im April 1775 von fünfhundert »minute-men« bei Le-
xington unweit von Concord zurückgeschlagen, die erste und
für die Aufrührer siegreiche Schlacht im amerikanischen Be-
freiungskrieg. »Minute-men« hießen sie, weil sie von einer
Minute auf die andere mobilisiert werden konnten.

Concord hat somit als Ausgangspunkt der Befreiung der
nordamerikanischen Kolonien von der englischen Herrschaft
historischen Symbolwert, als Ausgangspunkt der als Transzendentalismus bekannten Erneuerungsbewegung erhielt es
um die Mitte des 19. Jahrhunderts auch einen geistesge-
schichtlichen: Der wortmächtigste Prophet dieser Bewegung,
Ralph Waldo Emerson (1803–1882), hat fast ein halbes Jahrhundert hier gewirkt und um sich eine Anzahl von bedeuten-
den Köpfen versammelt. Zwei der Autoren aus dem Umkreis
des Transzendentalismus sind in die Weltliteratur eingegan-
gen: Nathaniel Hawthorne (1804–1864), dessen Roman »Der
scharlachrote Buchstabe«, ein Werk von außerordentlicher
visionärer Kraft, die wohl bedeutendste Abrechnung mit
dem Puritanismus Neu-Englands darstellt, und Henry David
Thoreau (1817–1862).

Der Transzendentalismus nahm den Kampf gegen eine im
Dogma erstickte Theologie auf. Sein Menschenbild, stark ge-

prägt durch den deutschen Idealismus, war das des selbständigen, auf seine Intuition und sein Wertgefühl vertrauenden Individuums. Das Paradigma für diesen Menschentyp war der Trapper, Jäger und Siedler, der Pfade in den Urwald geschlagen und das Land gerodet hatte – unabhängig, zäh, kühn. Dieses neue Land brauchte eine neue, ebenso handfeste wie eklektische Philosophie und dazu eine neue Anthropologie – der Mensch als ewiger Pionier seiner selbst. »Der Zweck des Lebens«, sagte Emerson, »scheint zu sein, daß der Mensch sich selber kennen lernt . . . Die höchste Offenbarung ist die, daß Gott in jedem Menschen ist.«

Der Transzendentalismus weist stark sozialkritische und sozialutopische Züge auf. Der neue Mensch sollte sich in genügsamen, naturnahen Lebensgemeinschaften heranbilden; es wurden mit großem Idealismus Kommunen gegründet und mit großer Enttäuschung wieder aufgelöst. Hawthorne, der das Kommunenleben aus eigener Erfahrung kannte, hat es in »Blithedale Romance« detachiert-ironisch geschildert.

In Emersons Lehre lag die Aufforderung zum eigenmächtigen Individualismus – eigenmächtig, aber nicht uneingeschränkt, denn es ging ihm nicht darum, die Ethik umzustoßen, sondern vielmehr darum, sie umzubilden. Diesen Individualismus verkörpert – und nicht nur für jene Zeit – am deutlichsten und überzeugendsten Henry David Thoreau, der »geborene Protestant«, wie Emerson ihn nannte. Damit meinte er nicht eine religiöse Observanz, sondern eine Haltung.

Thoreau wurde am 12. Juli 1817 in Concord geboren, und er hat, von einigen Reisen abgesehen, seine Heimatstadt und ihre Umgebung nie verlassen. Er studierte am Harvard College alte Sprachen und versuchte sich zunächst als Schulmeister. Seine pädagogischen Vorstellungen waren jedoch seiner Zeit weit voraus. Er lehnte jegliche körperliche Züchtigung ab; einen Tag in der Woche sollten seine Schüler wandern, schwimmen oder segeln. Eine solche Erziehung konnte kaum auf die Billigung der Bürger von Massachusetts rechnen. Thoreau hängte seinen Beruf denn auch bald an den Nagel und verdiente sich mit Gelegenheitsarbeiten, als Landvermesser, Bleistiftfabrikant, Schreiner und zeitweilig als eine Art Faktotum im Hause Emersons sein Brot – immer nur so viel, als er gerade benötigte. Seine Existenz richtete er so ein, daß sie ihm ein Höchstmaß an Freiheit und Muße ließ. »Muße« ist aber kein puritanisches Wort. Thoreaus ungebundener Lebensstil mußte seinen Mitbürgern suspekt sein, denen der Erfolg in weltlichen Geschäften als Erweis für ihre Gottgefälligkeit galt und die damit ihren Materialismus auch in seinen krassesten Formen zu rechtfertigen wußten. Und doch war Thoreau nicht weniger Puritaner als sie. Nur meinte er in seiner pointierten Art, der Mensch solle am siebten Tag arbeiten und sechs Tage lang feiern.

Hawthorne hat ihn wie folgt beschrieben: »Thoreau ist ein eigenartiger Mensch, ein junger Mann, in dem noch viel wilde, ursprüngliche Natur vorhanden ist, und sofern er kultiviert ist, ist er das auf seine eigene Art und Weise. Er ist sündenhäßlich, mit einer langen Nase und einem schiefen Mund, mit ungeschliffenen, etwas bäurischen, jedoch höflichen Umgangsformen, die gut zu seiner äußeren Erscheinung passen. Doch ist er auf aufrichtige und angenehme Art häßlich, und das paßt weit besser zu ihm als Schönheit . . . Seit drei oder vier Jahren hat er allen herkömmlichen Formen des Broterwerbs abgesagt; anscheinend will er eine Art Indianerleben führen . . . Seit einiger Zeit lebt er in Emersons Haushalt, und wenn nötig macht er sich im Garten zu schaffen und verrichtet andere Arbeiten, die ihm liegen . . . Emerson hat übrigens, wie es scheint, allerhand zu leiden gehabt. Es ist wohl besser, so unabhängige und zu keinen Kompromissen bereite Menschen gelegentlich im Freien anzutreffen, als sie als Stammgast am Tisch und am Kaminfeuer zu haben.«

Und an einer anderen Stelle: »Er ist ein gedankenreicher und origineller Mensch, mit einer gewissen kompromißlosen Starrheit in seinem Charakter, die an einen eisernen Schürhaken erinnert und interessant ist, aber bei näherem und häufigem Umgang ziemlich ermüdend wirkt.«

Wer sich aber, sei es am Kaminfeuer, sei es im Freien, mit Thoreau unterhielt, der mußte alsbald merken, daß er es mit einem Naturburschen besonderer Art zu tun hatte: er war kein Kulturverächter, kein Unbildungsprotz, sondern jemand, der sich in der englischen Literatur, aber auch in den Naturwissenschaften gut auskannte, Äschylus und Pindar ins Englische übersetzt hatte, und dessen Lieblingsbücher die Ilias, die Upanischaden, Konfuzius waren. In den Schriften des Ostens findet er seinen Hang zur Naturmystik und zu einer gewissen stoischen Schicksalsgläubigkeit bestätigt: »Der Geist des Universums ist mir im großen ganzen auf unerklärliche Weise gewogen.« Mit Vorliebe verwendet er das Bild des Baches, der unbeirrbar seinen Weg zum Meer findet: »Mein Leben gräbt sich sein eignes Bett wie ein Bergbach, den auch die längsten Hügelzüge und die flache Prärie nicht davon abhalten, schließlich das Meer zu erreichen.« Die meisten Menschen aber wissen nichts von dieser Dynamik; sie haben, klagt er, »kein Gefälle, keine Stromschnellen, keine Wasserfälle, sondern nur Marschen, Alligatoren und krankheitsbringende Sümpfe«.

Diese Auffassung hat ihre eigene Moral, nämlich die, daß der Mensch alles, was ihm geschieht, hinnehmen solle in der Gewißheit, daß es einmal Frucht bringen werde. »Ersticke nie deinen Kummer, sondern warte und pflege ihn, bis er seinen eigenen und selbständigen Sinn gewonnen hat.«

Anders und in moderner Ausdrucksweise: Verdränge nicht, stehe auch zu deinen Verfehlungen; hebe das Gute und das Schlechte in dir auf. Im übrigen ist die Welt so, wie sie ist, und ändern will Thoreau sie nicht: »Ich bin nicht auf die Welt gekommen, um aus ihr einen Ort zu machen, wo sich gut leben läßt, sondern um in ihr, sei sie gut oder schlecht, zu leben.«

In umfangreichen Tagebüchern, die erst nach seinem Tod veröffentlicht worden sind, und in vielen Essays gibt sich Thoreau kontinuierlich Rechenschaft – auch dieser Hang zur unablässigen Selbstprüfung ist ein puritanischer Zug. Er schreibt einen überaus kräftigen Stil, der immer auf die Gedrängtheit des Aphorismus, der Sentenz und des Sprichworts hinzielt. Thoreau ist zugleich lakonisch und beredt, nüchtern und hingerissen; seine Gedanken springen assoziativ und mit einer Behendigkeit, die das Verständnis sehr erschweren kann, auf Analogien sei es aus seinem Alltag, sei es aus Homer oder Konfuzius. Sein Denken ist ein kreisendes Meditieren. Dann wieder läßt er seine Gedanken leicht und fröhlich steigen wie einen Drachen, den der Wind nur deshalb in die Höhe trägt, weil er auf dem Erdboden fest verankert ist.

Er ist willkürlich, subjektiv und exzentrisch, und er liebt die Behauptung mehr als den Beweis. Sein Werk hat etwas Unbekümmertes, auch etwas Spielerisches, provokativ Leichtfertiges. Einer seiner Essays heißt »Leben ohne Grundsätze« (wir haben diese Prägung als Titel für die vorliegende Auswahl gewählt). Daß seine prinzipienfrommen Mitbürger einen solchen Essay nicht eben gern lasen, kann man sich denken.

»Thoreau ist der Mann, der in Walden lebte, etwa in dem Sinn, in dem Dante der Mann ist, der in der Hölle war« (Joseph Wood Krutch). In »Walden« berichtet Thoreau über seinen Versuch, autark zu leben. Im Jahr 1845 baut er sich am Ufer des Walden-Teichs eine Hütte und macht soviel Land urbar, als er braucht, um genügend Bohnen und Getreide für seinen Eigenbedarf anzupflanzen. In dieser Zurückgezogenheit verbringt er etwas mehr als zwei Jahre. Er ist aber weder ein Robinson, der den Verlauf der Zivilisation als Einzelner rekapituliert, noch ein Timon von Athen, der sich angeekelt von den Menschen abwendet. Auch war seine Wildnis recht zahm. Er hat nicht etwa herrenloses Land in Besitz genommen, sondern eine Parzelle, die Emerson ihm zur Verfügung stellte, und seine Hütte hat er nicht allein gebaut, sondern er hat sich von Farmern der Umgebung helfen lassen. Sie ist keineswegs abgelegen; unweit von seinem Refugium fährt die Eisenbahn vorbei; eine halbe Stunde Wegs, und er ist bei seinem nächsten Nachbarn, ein kurzer Spaziergang, und er ist in Concord. So schlendert er denn gern zu einem Schwatz mit seinen Mitbürgern ins Städtchen hinüber, Freunde besuchen ihn, Neugierige schauen herein. Kurz, Thoreau ist nicht wirklich einsam; er will es auch gar nicht unbedingt sein, wohl aber will er sein Verhältnis zur Gesellschaft und das Maß, in dem er ihr Zutritt gewährt, selber bestimmen. Er will sich selbst beweisen, mit wie wenig der Mensch auskommen kann, wenn er seine Bedürfnisse zügelt und – materiell wie geistig – nur das Wesentliche, das Unumgängliche gelten läßt.

Der vielgerühmte Aufenthalt am Walden-Teich, nicht Abenteuer, sondern Experiment und von Thoreau als solches verstanden, schrumpft so bei näherem Zusehen auf eine Art Schrebergarten-Existenz zusammen. Es war im damaligen Nordamerika gewiß nichts Ungewöhnliches, daß sich ein Trapper oder Pelzjäger seine eigene Hütte in viel entlegeneren Gegenden als dem einigermaßen erschlossenen Massachusetts errichtete. Nur hat keiner seinen Aufenthalt so beschrieben wie Thoreau.

»Walden« ist vom Eigennamen zur Parole geworden. Sub-

und Randkulturen, Hippies, Blumenkinder und besorgt dreinblickende Weltverbesserer (die ihm zu seinen Lebzeiten ganz besonders wider den Strich gingen) berufen sich auf Thoreau und wollen es ihm gleichtun. Wer die Zivilisation hinter sich lassen will, findet in ihm einen Fluchthelfer.

Dabei neigt man dazu, eines zu übersehen: Thoreau hat sein Experiment mit der gleichen Selbstverständlichkeit abgebrochen, mit der er es begonnen hatte. Keine ideologische Verbissenheit, keine Durchhalteparolen, und auch keine Angst vor dem hämischen Lächeln der Nachbarn: »Wir haben es ja immer gesagt.« Thoreau packt seine Bücher, läßt seine Hütte offenstehen und kehrt nach Concord zurück.

Erfolg hat er mit seinem Buch zu Lebzeiten nicht gehabt; in fünf Jahren wurden nur 2000 Exemplare verkauft.

Die Yankee-Tugend der Genügsamkeit, die Thoreau in ungewöhnlichem Maße besaß, ist historisch gesehen aus der Not entstanden. Um sich im Grenzland zwischen Urwald und Prärie behaupten zu können, mußte der Siedler seine Bedürfnisse einschränken. Axt, Gewehr, Messer waren seine Werkzeuge, und was er mit ihnen nicht zu bewältigen vermochte, bereits Luxus. Mit Beifall erwähnt Thoreau Diogenes, der einen Knaben aus der Hand trinken sah und darauf seinen Becher wegwarf: eine Abhängigkeit weniger! So richtet er seine Hütte so karg wie nur möglich ein, denn jedes Möbel und jedes Gerät ist eine Last, und als jemand ihm eine Matte für den Fußboden schenken will, weist er die Gabe zurück.

Er brauchte sich in der Bedürfnislosigkeit nicht eigens zu schulen; sie war ihm angeboren; er hat sie sich nicht erkämpfen müssen. Sie war nicht Trophäe, sondern Geschenk. Mit derselben Leichtigkeit, mit der er materieller Güter zu entraten vermochte, konnte er auch auf den Umgang mit Menschen verzichten. Ein Menschenhasser ist er sicher nicht gewesen, oder doch nur in dem Maße, in dem es jeder einigermaßen wache Mensch sein muß, der am Abstand zwischen dem leidet, was der Mensch sein könnte, und dem, was er ist. Er war auch kein Frauenhasser. Die Frau war ihm einfach gleichgültig. Zwar hat er sich gelegentlich mit Heiratsplänen getragen, aber sie scheiterten. Sexuelle Leidenschaft hat ihn kaum bewegt. In seinen Tagebüchern finden sich lange Meditationen über die Freundschaft, solche über die Liebe kaum. Und diese Immunität hat etwas Unheimliches: er wußte sich in der zeugenden und gebärenden Natur zuhause wie wenig andere – und nahm ihre mächtigste Triebfeder, den Sexus, gar nicht zur Kenntnis.

Der Puritaner sieht das Weib, wo er es nicht als Mutter sehen kann, als Verführerin, als die Große Hure von Babylon. (Mit eben diesem Thema setzt sich Hawthorne in seinem Roman »Der scharlachrote Buchstabe« auseinander.) In dieser Tradition ist Thoreau aufgewachsen, aber sie allein vermag seine sexuelle Indifferenz nicht zu erklären. Es muß eine persönliche Veranlagung dazugekommen sein. Sein Eros galt der Natur; in ihr fand er Mutter und Geliebte.

Weit mehr, wie gesagt, beschäftigte ihn der Freund als archetypische Gestalt, weit mehr als die Liebe die Freundschaft. Er singt ihr Lob nicht weniger leidenschaftlich als sein Zeitgenosse Walt Whitman; sie ist für ihn etwas Überirdisches, geradezu Religiöses: »Wir erwecken Freundschaft in den Menschen, wenn wir Freundschaft mit den Göttern geschlossen haben.«

Im gleichen Atemzug aber lehnt er den Freund ab, weil er, ewiger Störenfried, mit seinen affektiven Ansprüchen das Individuum in seiner Autarkie bedroht: »Von unseren Feinden haben wir nichts zu fürchten; Gott unterhält zu diesem Zweck ein stehendes Heer; aber wir haben keine Bundesgenossen gegen unsere Freunde, diese erbarmungslosen Vandalen.« Mit Freunden muß man sprechen, doch Thoreau mißtraut der Rede und sehnt sich in seinem lärmigen Zeitalter nach dem großen Schweigen, dem »Sprachrohr der Wahrheit, dem einzigen Orakel, dem wirklichen Delphi und Dodona«.

Er war sich der Kühle seines Naturells wohl bewußt, ohne daß er aber darunter gelitten hätte. »Ich gedeihe am besten in der Einsamkeit.« Und: »Wenn ich für Freundschaft mit Menschen zu kalt bin, bin ich es hoffentlich doch nicht für die Einflüsse der Natur. Es scheint ein Gesetz zu sein, daß man nicht mit den Menschen *und* der Natur in Sympathie leben kann.« Er hat sich für die Natur entschieden, oder vielmehr, sein Schicksal und seine Veranlagung haben es für ihn getan. »In der Gesellschaft wirst du dein Heil nicht finden, wohl aber in der Natur«, und zwar, »weil sie nicht Mensch ist, sondern eine Zuflucht vor ihm«. So überrascht es auch nicht, wenn Thoreau sagt: »Die meisten gesellschaftlichen Umwälzungen vermögen uns nicht zu interessieren, noch weniger uns zu alarmieren, aber sag mir, daß unsere Flüsse austrocknen oder daß die Fichte in unserem Land ausstirbt, und ich werde aufhorchen.«

Thoreaus Natur ist nicht eine, in die man im Rousseauschen Sinn »zurückzukehren« braucht, sondern eine, in der man von vornherein bereits *ist* – oder eben nicht ist. Man kann sich ihrer nicht bemächtigen; man kann sie schon gar nicht mit den Werkzeugen der Wissenschaften durchdringen. Man muß sie *sehen.* Auf seinen zahl- und endlosen Gängen durch den Wald beobachtet Thoreau, ein geduldiger Zuschauer, Bisamratten und Eichhörnchen, Falken und Schlangen. Zutraulich nähern sich ihm, dem in seinem beharrlichen Lauern fast selbst zum Tier Gewordenen, wie den Heiligen in der Legende Vierfüßler und Vögel. Wolle man ein Tier – »animal« – beschreiben, so müsse man, sagt er, zuerst seine »anima« wahrnehmen, die Kraft, die es so gebildet hat, wie es ist, das Lebensprinzip, das sich in ihm verkörpert. Zwischen Tier und Beobachter bildet sich ein »Feld«, in dem jeder einen Teil seiner Eigenart preisgibt, um mit dem anderen in Kommunikation zu treten. Der Beobachter entäußert sich und wird in das Beobachtete völlig eingeschmolzen.

Thoreau botanisiert unermüdlich und weiß, wann die Wasserhyazinthen letztes Jahr zu blühen begannen und wann sie dieses Jahr blühen werden. Er hält den flammenden Prunk des herbstlichen Ahorns und das Wogen des Purpurgrases in Beschreibungen von größter dichterischer Kraft fest. Er weiß, daß die Natur ihm nicht mehr geben kann als sich selbst, aber auch, daß er dieser Gabe nur teilhaftig werden darf, wenn er, gleichzeitig gelassen und erwartungsvoll gespannt, in die Natur eintritt und sie sprechen läßt. »Die Natur ist immerwährend schöpferisch und erfindet wie ein Handwerker in seiner Werkstatt neue Muster. Wenn die überhängende Fichte am Ufer durch die Kräfte der Sonne und des Windes, die an ihr zehren, ins Wasser stürzt, werden ihre Zweige weiß und glatt und nehmen phantastische Formen an.« Noch im Zerfall ist die Natur formenbildend und damit schöpferisch.

Das aber kann niemals die systematisierte Natur des Wissenschaftlers sein. »Bücher über die Naturwissenschaften sind im allgemeinen von irgendeinem Kanzlisten in Eile zusammengestoppelte Listen oder Bestandesaufnahmen von Gottes Eigentum.« Gegen die austrocknende Wissenschaft stellt Thoreau die lebendige Anschauung. »Der Wissenschaftler meint, es stünde mir nicht zu, irgend etwas anderes zu sehen als das, was er als Regenbogen definiert, aber mir ist es gleichgültig, ob meine Vision eine Vorstellung im Wachzustand ist oder die Erinnerung an einen Traum.«

Gewisse Eindrücke – Sonnenuntergänge, Regenbogen, das Summen der Telegraphendrähte – überwältigen Thoreau auf seinen Streifzügen immer von neuem in ihrer kosmischen Symbolik. Der Sonnenuntergang insbesondere ist für ihn jedesmal von neuem ein großes himmlisches Fest, und in den Wolkenbildungen sieht er die fabelhaften Städte, auf die die

16

Menschheit sich zubewegt, die großen Verheißungen des Westens.

Wenn er, noch unschlüssig, wohin er seine Schritte wenden soll, einen seiner Waldgänge antritt und die Wahl der Richtung gleichsam seinen Füßen überläßt, wird er sich früher oder später bewußt, daß er unwillkürlich die westliche Richtung eingeschlagen hat. Im Westen liegt das Unvermessene, die Lockung, die Verheißung. »Wir gehen ostwärts, um unserer Geschichte innezuwerden und um die Werke der Kunst und der Literatur zu studieren, wagemutig und abenteuerlustig gehen wir nach Westen wie in die Zukunft. Der Atlantik ist ein Gewässer der Lethe, und indem wir ihn überquerten, hatten wir die Möglichkeit, die Alte Welt und ihre Einrichtungen zu vergessen.« Dem alten Wort »Ex oriente lux« fügt Thoreau ergänzend und antithetisch bei: »Ex occidente frux«.
Er ist sich bewußt, daß er bei seinem Gang auf die sinkende Sonne zu die große Bewegung der menschlichen Zivilisation rekapituliert: von Kleinasien nach Griechenland, von Griechenland nach Rom, von Rom bis in die äußersten Spitzen des zerklüfteten europäischen Kontinents, und dann der Sprung der Wikinger und der iberischen Entdecker über den Ozean hinweg, und der atlantische Saum des amerikanischen Festlands wiederum als Sprungbrett für den Vorstoß in diesen Kontinent hinein, der gewaltige Strom der Landnehmer, bis der Pazifik sie anhält.
All das, was der Osten, das alte Europa, nicht leisten konnte, das soll in diesem ungeheuren, offenen Westen nachgeholt und der Vollendung zugeführt werden. So sehr Thoreau am Yankee als Phänotyp gezweifelt hat – er teilt dessen Zuversicht und Optimismus und feiert ihn in hymnischen Worten als den neuen Menschen.
Mit jedem seiner Gänge tritt er von neuem in diesen Mythos

ein und wiederholt den Gang der Geschichte. Wer sich bei diesen Analogien an den Größenverhältnissen stößt, der sei an eine Bemerkung Emersons erinnert: »Er kannte den Begriff der Größe nicht. Der Teich war ein kleiner Ozean, der Atlantik ein großer Walden-Teich. Er bezog jede kleinste Tatsache auf kosmische Gesetze.« Sein Gang nach Westen war der der Menschheit; seine kleine Hütte repräsentierte alles, was jemals Menschen gebaut hatten, und die eine Nacht, die er im Gefängnisse verbracht hatte (worüber mehr im Folgenden), die ungezählten Nächte ungezählter Sträflinge in ungezählten Kerkern.

Die Weigerung, Größenunterschiede gelten zu lassen, oder, positiv gewendet, die Fähigkeit, im Sandkorn die ganze Welt zu sehen, wie William Blake es ausdrückt, ist für den der Signaturen kundigen Mystiker bezeichnend: »Lieber beobachte ich den ganzen Tag lang die Kühe auf ihrer Weide, wie sie langsam alle in einer Richtung vorrücken, und lieber würde ich ihren Gang sorgfältig auf einer Karte einzeichnen und ihr Verhalten getreulich beschreiben, als nach Europa oder Asien zu reisen und dort andere Züge zu beobachten . . .«

Eine ganz besondere Sympathie verbindet Thoreau aber auch mit den Opfern der welthistorischen Ost-West-Bewegung, mit den Indianern. Er war sich immer bewußt, daß der Boden, auf dem er ging, indianischer Boden war, und er hat die Reste indianischen Lebens, auf die er stieß, mit Ehrfurcht, aber auch mit dem Unbehagen des Eindringlings behandelt. Er hat sich selber als halber Indianer gefühlt, und es scheint beinahe, als verdanke er sein Naturverständnis weit mehr dem genius loci als seinen eigenen schottisch-englischen Vorfahren.

So beschreibt er etwa, wie er auf einer Wanderung mit einem Freund den Spuren der Indianer nachging: »»Dort, auf

Nawshawtuck‹, sagte ich, ›war ihre Hütte, der Treffpunkt des Stamms, und dort auf Clamshell Hill ihr Festplatz . . . Hier, auf diesem Gipfel, war ein sehr geeigneter Ausguck. Wie oft sind sie gerade an dieser Stelle gestanden, gerade zu dieser Stunde, wenn die Sonne hinter jenen Wäldern unterging und mit ihren letzten Strahlen den Musketaquid vergoldete, und dachten über die Erfolge des Tages und die Aussichten für die nächsten Tage nach oder hielten Zwiesprache mit den Geistern ihrer Väter, die vor ihnen ins Land der Schatten gegangen waren.‹ ›Hier‹, rief ich aus, ›hier stand Tahatowan, und dort liegt die Pfeilspitze von Tahatowan.‹ Wir setzten uns an dieser Stelle nieder, auf die ich gedeutet hatte, und um meinen Scherz auf die Spitze zu treiben, legte ich einen Stein frei, der sich als vollkommene Pfeilspitze erwies, so scharf, als sei sie gerade aus den Händen eines indianischen Handwerkers gekommen.«

Hier haben wir übrigens einen weiteren bezeichnenden Zug: die Sicherheit im intuitiven Zugriff. Nicht nur mit Lebewesen, auch mit den Dingen ist er im Einvernehmen. Er findet nachts seinen Weg besser mit den Füßen als mit den Augen; er kann Entfernungen und Gewichte genau abschätzen; er kann blindlings in eine Schachtel voller Bleistifte greifen und genau ein Dutzend, nicht mehr und nicht weniger, herausnehmen. Ein solches Finden-Können ist eine Urbegabung wie etwa die Musikalität und verweist auf eine ursprüngliche Harmonie zwischen Mensch und Ding, zwischen Subjekt und Objekt.

Vertritt der Indianer die naturnahe, traumhafte Seite des Menschen, so sein Überwinder, der Einwanderer aus Europa, die zielstrebig organisierende: »Der weiße Mann kommt bleich wie der Morgen mit seiner Gedankenlast, mit seiner wie im zusammengescharrten Feuer schlummernden Intelligenz, er weiß genau, was er weiß, er rät nicht, sondern berechnet, stark in der Gemeinschaft, der Obrigkeit gehorsam, aus einer vielerfahrenen Rasse, von wundervollem, wundervollem gesundem Menschenverstand, dumpf aber fähig, langsam aber beharrlich, streng aber gerecht, mit wenig Humor begabt, aber rechtschaffen, ein Arbeiter, der Spiel und Sport verachtet, ein Haus baut, das dauert . . . Er kauft die Mokassins und Körbe des Indianers, dann kauft er dessen Jagdgründe, und schließlich vergißt er, wo dieser begraben liegt, und sein Pflug wühlt die Gebeine an die Oberfläche.« Dabei hat der Weiße aber etwas Entscheidendes verloren: »Er kann den ganzen wogenden Wald fällen, aber er kann mit dem Geist des Baumes, den er fällt, nicht Zwiesprache halten; er kann die Dichtung und die Mythologie nicht lesen, die sich in dem Maß zurückziehen, in dem er sich vorwärtsbewegt.«

»Walden« ist das berühmteste Werk Thoreaus, sein »Essay über zivilen Ungehorsam« sein folgenschwerstes. Nicht nur, daß man es heute von Anarchisten der sanfteren Art immer wieder zitiert hört – es hat auch in die Weltgeschichte hineingewirkt. Gandhi hat sich mit Nachdruck darauf berufen. An amerikanische Freunde schrieb er 1942: »Sie haben mir in Thoreau einen Lehrmeister gegeben, der mir durch seinen Essay über den zivilen Ungehorsam die wissenschaftliche Bestätigung dessen lieferte, was ich in Südafrika tat.« Die persönliche Autarkie Thoreaus fand ihre politische Entsprechung in der von Gandhi geforderten wirtschaftlichen Autarkie Indiens, und bekanntlich ist der Appell an die Genügsamkeit seiner Landsleute Gandhis stärkste politische Waffe gewesen. Gandhi wäre natürlich auch ohne Thoreau ausgekommen, aber er fand in ihm unter allen Schriftstellern des Westens den, der ihm und seiner Lehre am nächsten stand und in der Sprache des Westens das ausdrückte, was er, einem anderen Kulturkreis entstammend, verkündete.
Thoreau hat die Gedanken, die er sich, sehr willkürlich und

subjektiv, aus den heiligen Schriften des Buddhismus und des Hinduismus aneignete, mit der Tradition, in der er aufgewachsen war, der christlich-puritanischen, verschmolzen und sie in dieser Form wieder an Indien, an Gandhi, zurückgegeben.

Der Anlaß zu seinem Essay war geringfügig genug. Thoreau weigerte sich, dem Staat Massachusetts die Kopfsteuer zu entrichten, wurde deshalb ins Gefängnis gesteckt, aber bereits am nächsten Tag wieder entlassen. Eine Verwandte hatte stillschweigend die paar Dollar bezahlt, um einen Skandal zu vermeiden.

Kein besonders dramatischer Zwischenfall also, sogar etwas komisch, eine Krähwinkelepisode. Thoreau, der, wie erwähnt, das Persönliche immer ins Allgemeine ausdehnte, entwirft in seinem Aufsatz eine Philosophie der konsequenten Gehorsamsverweigerung.

Eine Regierung, sagt er, ist eine sich selbst perpetuierende Institution, die kein Gewissen besitzt und die Freiheit des einzelnen systematisch beschneidet. »Wir sollten aber zuerst Menschen sein und dann erst Untertanen.« Und: »Wenn ein Sechstel der Bevölkerung eines Landes, das ein Hort der Freiheit sein will, aus Sklaven besteht, und ein ganzes Land unrechtmäßigerweise überrannt, von einer fremden Armee besetzt und unter Kriegsrecht gestellt wird (gemeint ist der Krieg der Vereinigten Staaten mit Mexiko, 1846 bis 1848), dann meine ich, daß es für aufrechte Männer an der Zeit ist, zu rebellieren und sich zu erheben.« Das Mittel ist einfach: Steuerverweigerung, wie er selbst sie geübt hat. »Wenn tausend Männer ihre Steuern nicht zahlen und deshalb ins Gefängnis kommen, dann ist die Macht, die sie ausüben, größer als die, die ihnen der Stimmzettel verleiht, und in solchen Zeiten und in einem solchen Staat ist für den aufrechten Bürger der einzig angemessene Ort das Gefängnis.«

Der Staat ist unmenschlich deshalb, weil er der Habgier einzelner dient. Auch hier liegt das Heilmittel wieder in der Genügsamkeit: »Du mußt innerhalb deiner selbst leben, dich auf dich selbst verlassen, wenig Geschäfte haben.« Nur so kann man sich die wirkliche Freiheit erringen und sie bewahren. Wenn man diese Freiheit aber einmal besitzt, wenn man in seinen Gedanken und seiner Phantasie frei ist, dann können »weder unkluge Herrscher noch Weltverbesserer uns entscheidend stören«.

Das Argument ist gradlinig und einfach – zu einfach. Es geht an der politischen Wirklichkeit vorbei und verlangt wie alle solchen Entwürfe vom Menschen das, was er bisher nicht hat leisten können und nie leisten wird: sich zu ändern. Im Grunde fordert Thoreau eine Gemeinschaft bedürfnisloser, unabhängiger Thoreaus.

Er ist ja kein analytischer Kopf und alles andere als ein Systematiker, und seine Figur ist nicht die Gedankenkette, sondern der Gedankensprung. Was den »Essay über zivilen Ungehorsam« so eingängig macht, ist die lapidare Rhetorik, die Selbstverständlichkeit, mit der er seine Thesen vorträgt.

Thoreau trug immer eine Verachtung alles Politischen zur Schau. »Politik ist zwar eine lebenswichtige Funktion der menschlichen Gesellschaft, sollte aber wie die entsprechenden Funktionen des menschlichen Körpers unbewußt betrieben werden. Sie ist *unter*menschlich, eine Art vegetativen Lebens. Manchmal erwache ich zu einem halben Bewußtsein, daß sie sich um mich herum abspielt, wie jemand des Verdauungsprozesses gewahr wird, wenn er krank ist.« Und nun ist das Staatswesen erkrankt, und Thoreau, der sich soviel darauf zugute tat, abseits allen politischen Geschehens für sich zu leben, ist unversehens von der Politik doch ergriffen worden. Er, der die Maxime vertrat, der Mensch finde sein Glück nur in der Natur, nicht aber in der Gesellschaft, sah sich gezwungen, sich mit dieser auseinanderzusetzen.

In den Jahren vor dem amerikanischen Bürgerkrieg hat Thoreau mit Entschiedenheit die Partei der Sklaven genommen. Sein Vorbild war der große Sklavenbefreier John Brown. Als einer der ersten ist Thoreau für ihn eingetreten, er, der am liebsten durch die Wälder schweifte, der »Einsiedler von Concord«, der »Yankee Diogenes«, der Verfechter eines »Lebens ohne Grundsätze« fühlte sich jetzt aufgerufen, aus seiner Isolation herauszutreten und unmißverständlich, unbekümmert um die herrschende Meinung, die Brown keineswegs günstig gesonnen war, für diesen Zeugnis abzulegen.

John Brown war ein leidenschaftlicher Aktivist, überzeugt davon, daß er unmittelbar von Gott den Auftrag erhalten habe, der Sklaverei in den Vereinigten Staaten ein Ende zu setzen. Und dazu war jedes Mittel recht.

Verschiedene Scharmützel, die er mit einer kleinen Schar Getreuer in Kansas gegen die Sklavenbesitzer bestanden hatte, machten ihn berühmt und berüchtigt. In den Bergen des Staates Virginia hatte er eine Fluchtburg und Freistätte für flüchtige Sklaven gegründet und eine Art Gegenregierung errichtet. Am 16. Oktober 1859 bemächtigte er sich durch einen Handstreich mit einigen wenigen Anhängern des Zeughauses von Harper's Ferry und nahm sechzig Einwohner als Geiseln gefangen. Doch vermochte er der feindlichen Übermacht nicht standzuhalten. Er wurde wegen »Verrats, der Verschwörung mit Sklaven und anderen Rebellen, und Mordes« zum Tode verurteilt und am 2. Dezember 1859 erhängt.

Der »Terrorist« Brown ist zur Symbolfigur der Sklavenbefreiung in Nordamerika geworden. Thoreau gab sich nun nicht mehr mit passivem Widerstand zufrieden, sondern predigte eine aktive Politik der Gewalt. »Das Sklavenschiff ist unterwegs, vollgepfercht mit seinen sterbenden Opfern; mitten auf dem Ozean wird neue Fracht dazugeladen; eine kleine Schar von Sklavenhaltern, geduldet von einer großen

Zahl von Passagieren, läßt vier Millionen in den Luken ersticken, und da versichern die Politiker noch, der einzig richtige Weg, sie zu befreien, sei die ›stille Verbreitung humanitärer Gedanken‹ ohne einen ›Ausbruch‹.«

Thoreau sagte mit aller nur denkbaren Deutlichkeit: »Es war John Browns Ansicht, daß der Mensch das Recht hat, Gewalt gegen den Sklavenhalter anzuwenden, um den Sklaven zu befreien. Ich teile diese Ansicht.«

Es ist wahrlich bewegend, wie der Menschenverächter im Sklaven den Menschen entdeckt, und wie derselbe Durst nach Unabhängigkeit, der ihn aus der Politik und der Geschäfte in die Wildnis führte, ihn jetzt wieder in ebendiese Welt zurückschickt – Freiheit nicht als abstraktes Postulat, sondern als gelebte Wirklichkeit.

»Was für eine Reise war die von John Browns waagrecht ausgestrecktem Leichnam, der gerade vom Galgen heruntergenommen worden war! Wir haben gelesen, daß er zu der und der Zeit durch Philadelphia passierte und daß er am Samstagabend New York erreichte. So fuhr er durch die Vereinigten Staaten wie ein Meteor ... Gewiß, am Tage seiner Entrückung hörte ich, daß er *gehenkt* worden sei, wußte aber nicht, was das bedeutete; ich war deswegen nicht traurig; erst nach einem oder zwei Tagen hörte ich, daß er *tot* sei, und das werde ich nicht glauben, so viele Tage auch verstreichen werden. Von all den Männern, von denen es hieß, sie seien meine Zeitgenossen, schien mir John Brown der einzige zu sein, der *nicht gestorben war.* Ich höre von keinem ausnehmend mutigen und ernsten Mann, ohne nicht zuerst an John Brown zu denken ... Ich treffe ihn überall. Er ist lebendiger, als er je gewesen ist. Er hat die Unsterblichkeit errungen.«

Vom amerikanischen Bürgerkrieg 1861–1865 hat Thoreau nur noch den Beginn erlebt. Er ist 1862, erst 45 Jahre alt, an Tuberkulose gestorben. »Es war eine Ironie des Schicksals, daß der Mann, der ein naturgemäßes Leben führte, an Schwindsucht, der Geißel des zivilisierten Lebens, starb« (Archibald MacMechan).

In Thoreaus Werk führt der Genius Amerikas mit sich selbst auf merkwürdige Weise Zwiesprache. Grenzenlos wie das Land soll die Freiheit sein, die es seinen Bürgern gewährt, aber diese Freiheit müssen sie sich erobern, und um sie erobern zu können, müssen sie lernen, sich zu bescheiden. In seinem Werk und in seinem Leben protestierte Thoreau gegen die Oberflächlichkeit und Habgier seiner Zeitgenossen; dabei teilt er aber ihren Optimismus. Nur versprechen sie sich eine glückliche Zukunft von einem schrankenlosen Materialismus, er aber von der Besinnung des einzelnen auf sich selbst und seiner Hingabe an die Natur und an ein Land, das in seiner Unermeßlichkeit einen neuen Menschen verheißt, der, überdrüssig der Ablenkungen durch die materielle Zivilisation, das Wahre im Schlichten sucht.
Seine Vision hat sich nicht erfüllt und könnte sich immer nur im Einzelmenschen, und selbst in ihm nur unvollkommen, erfüllen; dennoch bleibt sie als Forderung bestehen.

Philipp Wolff-Windegg

Dieser Auswahl liegt die »Concord Edition« (Houghton Mifflin Company, Boston und New York 1929) von Thoreaus Werken zugrunde. Die römischen Ziffern im Text geben den Band, die arabischen den Halbband und die Seite an. – Nicht berücksichtigt wurden »Walden« und der »Essay über zivilen Ungehorsam«, da diese beiden Werke mehrfach ins Deutsche übertragen worden sind.
Die hier vorgelegten Auszüge bilden nur einen kleinen Teil der umfangreichen Tagebücher, Aufsätze und Briefe. Sie sind thematisch, nicht chronologisch geordnet.

Mein Leben wartet auf niemand

Es erstaunt mich, daß Gott mich sogar mit meinen eigenen billigen Habseligkeiten so reich machen kann. Es bedarf nur einiger Strohhalme in der Sonne, eines kleinen hingeworfenen Worts oder eines, das lange schweigend in einem Buch geschlummert hat. Wenn das Himmelreich beginnt und die Toten auferstehen, wird keine Trompete blasen. Vielleicht wird der Südwind wehen. (III, 1, 129)

Mein Tagebuch ist der Teil von mir, der sonst überliefe und zerränne, eine Nachlese auf dem Feld, das ich als Handelnder abernte. Ich sollte nicht für es leben, sondern in ihm für die Götter. Sie sind die Empfänger meiner Briefe, und ihnen sende ich täglich ein Blatt frankiert zu. Ich bin der Kanzlist in ihrem Kontor, und am Abend übertrage ich die Posten aus dem Journal ins Hauptbuch. Es ist ein Blatt, das auf meinem Weg über meinem Kopf hängt. Ich biege einen Zweig herunter und schreibe meine Gebete darauf; dann lasse ich ihn los; er schnellt in die Höhe und weist mein Geschreibsel dem Himmel, als wäre das Blatt nicht in meinem Schreibtisch eingesperrt, sondern für alle zu greifen wie irgendeines in der Natur. Am Flußufer ist es Papyrus, auf den Weiden eine Kalbshaut, auf den Hügeln Pergament . . . Wie die verwelkten Blätter in jener Vase kommen die meines Tagebuchs von überall her; ich habe Hochland und Tiefland, Wald und Feld nach ihnen durchstöbert. (IV, 2, 356)

Keine schalen Stunden haben, sondern dankbar sein für jede und hinnehmen, was sie bringt . . . Kein Tag wird völlig vergeudet sein, an dem man eine aufrichtige, nachdenkliche Seite geschrieben hat. Möge die tägliche Flut auf diesen Seiten einen Niederschlag ablagern, wie sie Sand und Muscheln am Strand ablagert und damit das Festland erweitert. Dieses

Tagebuch kann ein Kalender der Gezeiten der Seele sein, und die Wellen mögen auf diesen Blättern wie an einem Strand Perlen und Algen anschwemmen. (III, 2, 333)

Ich möchte gerne mehr als bloße Tatsachen niederschreiben. Tatsachen sollten nur der Rahmen für mein Bild, sie sollten nur Materialien für die Mythologie sein, die ich verfasse, nicht solche, die dem Menschen helfen sollen, Geld zu verdienen, und den Bauern, ihre Felder mit Gewinn zu bestellen, sondern solche, die sagen, wer ich bin, wo ich gewesen bin, oder was ich gedacht habe. Die Glocke, die gerade jetzt zur abendlichen Versammlung läutet, und ihre Klangmassen gleich dem Rauch, der sich beim Schuß einer Kanone erhebt, bilden das Zelt, in dem ich hause. Alle meine Tatsachen sollen für den gesunden Menschenverstand Unwahrheiten sein. Ich möchte die Tatsachen so darstellen, daß sie mythologisch oder zu Mythen werden. Tatsachen, die der Geist wahrgenommen, Gedanken, die der Leib gedacht hat – mit diesen habe ich zu schaffen. Ich liebe verschwommene und nebelhafte Formen; wenn die Wolke, die ich betrachte, sich gänzlich aufgelöst hat und nur die Tiefen des Himmels noch zu sehen sind – das ist die verschwommenste aller Formen. (IV, 2, 237)

Welche Kraft liegt im einfachen Sehen! Man könnte fast sagen, der Held habe vergeblich um seinen hohen Platz gerungen, wenn der Betrachter ihn übersieht. Die Frau, die in ihrem Hause sitzt und etwas *sieht*, ist einem Seemann mit seinen aufregenden Berichten durchaus ebenbürtig. Diese ruhigen, durchdringenden Augen stellen sie auf die gleiche Stufe wie einen Alexander oder Shakespeare. Prunkvoll schreiten diese nach Asien oder ins Märchenland, und doch nicht weiter, als der Blick dieser Frau reicht. Wir sind so viel wie wir sehen. Glaube ist Sehen und Wissen. Die Hände sind nur Diener der Augen. Den entferntesten blauen Streifen, den ich am Horizont zu sehen vermag, erreiche ich vielleicht noch, bevor die Sonne viele Male untergegangen ist. Was ich gesehen habe, verändert sich nicht. Auch wenn ich in meiner Nacht wandere, ist es noch immer unerschütterlich wie der Stern, nach dem der Seemann steuert. (III, 1, 344)

Mein Leben wartet auf niemand, sondern es reift unwiderstehlich, während ich auf der Straße auf und ab gehe und mit diesem und jenem feilsche, um meinen Lebensunterhalt zu bestreiten. Es gräbt sich sein eigenes Bett wie ein Bergbach, den auch die längsten Hügelzüge und die flache Prärie nicht davon abhalten können, schließlich das Meer zu erreichen. So fließt das Leben eines Mannes dahin und wird, wenn nicht in einem Flußlauf auf der Erde, dann doch als Tau und Regen zum Meer gelangen, wird alle Schranken überspringen, und Regenbogen verkünden seinen Sieg. So listig und so unbeirrt wie Wasser, das seinen Pegelstand sucht, kann es seinen gewundenen Weg gehen. Und soll ich mich beklagen, wenn die Götter wollen, daß es sich in Windungen bewegt? (III, 1, 331)

Zeno, der Stoiker, stand in genau dem gleichen Verhältnis zur Welt, in dem ich heute stehe. Auch er hat sich ja zum Händler ausgebildet, und er kann handeln und tauschen und vielleicht feilschen, und außerdem kann er Schiffbruch erleiden und am Piräus an Land geworfen werden wie irgendein Hans oder Thomas. Er schlendert in einen Laden und ist von einem Buch bezaubert, von Xenophon, und sofort wird er zum Philosophen. Die Sonne eines neuen Lebenstages geht ihm am heiteren und wolkenlosen Himmel auf, und sie blickt auf die Stoa herab. Und immer noch segelt der körperliche Zeno weiter, erleidet Schiffbruch, wird hin- und hergeworfen, von Stürmen gebeutelt – aber der wahre Zeno segelt auf einem stillen Meer dahin. Bald oben, bald unten, Regen, Schloßen, Schnee – dem Stoiker ist das alles einerlei ... Wenn der Abend kommt, setzt er sich, noch immer frisch, nieder, um seinen Tag noch einmal zu mustern: was getan wurde und wieder rückgängig zu machen wäre, was nicht getan wurde und zu tun bleibt. (IV, 2, 345)

Die schlichten Dinge

Es ist gut, Beschäftigung und Zerstreuung in einfachen und schlichten Dingen zu finden. Sie halten sich am besten und geben am meisten her. Ich glaube, lieber beobachtete ich den ganzen Tag lang die Kühe auf ihrer Weide, wie sie langsam alle in einer Richtung vorrücken, und lieber würde ich ihren Gang sorgfältig auf einer Karte einzeichnen und ihr Verhalten getreulich beschreiben, als nach Europa oder Asien zu reisen und dort andere Züge zu beobachten; denn in beiden Fällen berichten wir ja nur über uns selbst, und vielleicht im zweiten Fall über ein ruheloseres, wertloseres Ich als im ersten. (IV, 2, 72)

Nichts kann einem Menschen nützlicher sein als die Entschlossenheit, sich nicht drängen zu lassen ... Wenn ich nicht unendlichen Raum habe, kann ich nicht denken oder meine Gedanken ausdrücken. Die Himmelskuppel ist nicht zu hoch, das Meer nicht zu tief für den, der einen großen Gedanken entfalten möchte. Er muß mich ernähren, wärmen und kleiden. Er muß ein Schauspiel sein, zu dem mein ganzes Wesen eingeladen ist. Ich muß wissen, daß die Götter mit mir zusammen zu Gast sein werden. (III, 1, 201)

Wie die Sterne für mich aussahen, als ich ein Schäfer in Assyrien war, so sehen sie jetzt für mich, einen Neu-Englän-

der, aus. Je höher der Berg, auf dem du stehst, desto weniger
Wechsel im Ausblick von Jahr zu Jahr, von Zeitalter zu Zeitalter. Über einer gewissen Höhe gibt es keinen Wechsel
mehr. Ich bin ein Schweizer am Rande des Gletschers, mit
seinen Vorzügen und Fehlern, seinem Kropf oder was sonst
. . . Ich habe nur *eine* geistige Geburt gehabt (verzeiht diesen
Ausdruck!), und ob es regnet oder schneit, ob ich lache oder
weine, ob ich weiterhin unter meinem Richtmaß bleibe oder
mich ihm annähere . . . – kein neuer Lichtstrahl fällt auf
mich. Aber immer wieder, wenn auch mit längeren Pausen,
leuchtet das gleiche überraschende und stets neue Licht mir
auf . . . (V, 2, 211)

Trotz einem Gefühl der Unwürdigkeit, das mich nicht ohne
Grund befällt, und obgleich ich mich selbst als so etwas wie
einen Spitzbuben betrachte, ist mir der Geist des Universums im großen ganzen auf unerklärliche Weise gewogen,
und ich genieße vielleicht ein ungewöhnliches Maß an
Glück. Und doch frage ich mich manchmal, ob nicht eine
Abrechnung kommen wird. (IV, 2, 280)

Mein Heim ist so viel von der Natur, wie mein Herz umfas-
sen kann. Wenn ich nur mein Haus wärme, dann ist es nichts
weiter als mein Heim; aber wenn ich mich mit der Hitze und
der Kälte, den Geräuschen und dem Schweigen der Natur in
Einklang weiß, und wenn ich die Ruhe und den Gleichmut,
die rings um mich auf den Feldern herrschen, teile, dann sind
sie mein Heim, und das so sehr als wenn der Kessel zischte
und die Reisigbündel knisterten und die Uhr an der Wand
tickte. (IV, 2, 454)

In meinem Leben habe ich nichts so Verarmendes gefunden
wie das, was man Wohlstand nennt, also daß einer über
größere Mittel verfügt, als er früher besessen hat, so gering

und so unansehnlich sie auch noch immer sein mögen; denn dadurch legt er sich unausweichlich einen aufwendigeren Lebensstil zu. Sogar dieselben Bedarfs- und Luxusartikel kosten mehr als früher. Anstatt zu gewinnen, hat er etwas von seiner Unabhängigkeit verloren, und wenn sein Einkommen plötzlich sinken sollte, findet er sich arm, auch wenn er im Besitz der gleichen Mittel ist, die ihn einmal reich gemacht haben. In den letzten fünf Jahren habe ich über etwas mehr Geld verfügt als in den vorhergehenden fünf, denn ich habe einige Bücher und einige Vorlesungen verkauft, und doch habe ich mich keinen Deut besser gekleidet oder ernährt oder gewärmt, und war auch keinen Deut reicher – nur daß ich weniger um meinen Lebensunterhalt besorgt war; aber vielleicht war mein Leben deshalb um so viel weniger ernsthaft, und als Folge fühle ich jetzt, daß ich scheitern könnte. Wer weiß, vielleicht falle ich einmal meinen Mitbürgern zur Last, wenn, was wahrscheinlich ist, das Publikum nichts mehr mit meinen Büchern und Vorlesungen zu tun haben will; was die letzten betrifft, so ist das bereits der Fall. Früher war es sehr viel wahrscheinlicher, daß meine Mitbürger einmal *mir* zur Last fielen. Das heißt, ich habe ihnen gegenüber etwas von meiner Unabhängigkeit eingebüßt, während sie sagen würden, ich hätte an Unabhängigkeit gewonnen. Wenn du einem Menschen das Gefühl der Armut geben willst, gib ihm tausend Dollar. Die nächsten hundert Dollar, die er bekommt, werden nicht mehr sein als die zehn, die er früher bekam. Habe Erbarmen mit ihm! Halte mit deinen Geschenken zurück! (IV, 2, 208)

Träume sind Prüfsteine des Charakters

Man kann seinen Puls auf verschiedene Arten fühlen. Im Zustand der Gesundheit hat man das ständige Erlebnis des Wohlgefühls. In einem solchen Zustand befinde ich mich zum Beispiel in völliger Übereinstimmung mit der Natur, und die Wahrnehmung irgendwelcher Naturerscheinungen, sogar die Erinnerung daran, ist von einer sanften, angenehmen Erregung begleitet. Gewöhnliche Bilder und Töne machen auf mich den Eindruck von Schönheit und Musik. Aber eine Krankheit wirft das alles durcheinander. Ich hatte gestern einen steifen Rücken und eine Erkältung, und wie immer schien das Leben stillzustehen. Während dieser Zeit verlor ich meinen Halt an der Natur und meine Beziehung zu ihr. Sympathie mit der Natur ist ein Zeichen völliger Gesundheit. Ohne heiteren Sinn kann man keine Schönheit wahrnehmen. Je billiger deine Zerstreuungen, um so sicherer sind sie. Wer viel an Theater, Oper und dergleichen denkt, ist nicht er selbst. Der jedermann vorgeschriebene Weg, mag er auch so unbedeutend und scheinbar ereignislos sein wie der eines Käfers im Gras, ist der Weg zu den tiefsten Freuden, deren der Mensch fähig ist. Wenn er sich auch nur mit Maulwürfen und Pilzen unterhält und seinen Verwandten Schande macht – das spielt keine Rolle, wenn er weiß, was Stahl für seinen Feuerstein ist. (IV, 2, 295)

Heute morgen erwachte ich mit unendlicher Trauer. In meinem Traum war ich in einem Wagen gefahren, aber die Pferde hatten sich gebissen und endlose Mühen und Nöte verursacht, und es war meine Aufgabe, ihre Köpfe auseinander zu halten. Dann segelte ich in einem kleinen Boot, wie es die Nordmänner verwendeten, über das Meer . . . , und dann ging's, noch immer segelnd, über Land, über die Quellwasser zu dem tieferen Bett eines Flusses hin, der sich in den Golf ergoß. Dann war ich wieder in meinem eigenen kleinen Vergnügungsboot, lernte auf dem Meer zu segeln, und ich hißte mein Segel, bevor ich den Anker lichtete, den ich weit ins Meer hinausschleppte. Ich sah die Knöpfe, die sich von den Jacken ertrunkener Männer gelöst hatten, und plötzlich sah ich meinen Hund und wußte gleichzeitig, daß ich gar keinen besaß. Er stand bis zu seiner Schnauze im Meer, um seine Beine zu wärmen, die naß geworden waren und die der kühle Wind empfindungslos gemacht hatte. Dann lief ich auf einer Wiese, auf der ich wegen der Trockenheit der Jahreszeit weiter als gewöhnlich zu gehen vermochte. Dann traf ich Mr. Alcott, und wir begannen großartige und angenehme Verse, die wir in vergangenen Zeiten gelesen hatten, vorzutragen. Ich zitierte einen Vers, den ich im Wachen nicht kannte. Aber in meinem Traum war er mir vertraut genug. Ich weiß nur, daß die Verse, die ich sprach, Trauer ausdrückten und den folgenden ähnelten (sie waren es aber nicht): »Das kurze Zwischenspiel des Lebens war vorbei, die Erinnerung an die Jugend ist ein Seufzer« usw. Und dann, im Augenblick des Erwachens, glaubte ich ein Musikinstrument zu sein, von dem eine sterbende Weise ausging, eine Trompete, eine Klarinette oder eine Flöte. Mein Leib war das Organ und der Träger der Melodie, wie eine Flöte der Träger der Musik ist, wenn man sie bläst. Mein Fleisch tönte und vibrierte noch immer zu der Melodie, und meine Nerven waren die Saiten einer Leier. So wachte ich denn mit unendlichem Bedauern auf, daß ich keine Straße war, auf der glorreiche und weltbewegende Eingebungen verkehrten, sondern eine Schaufel voll Schmutz, eine Straße oder Gosse, auf der vielleicht der Wind mitunter dem Stroh eine musikalische Weise abgewinnen kann. (IV, 2, 150)

Träume sind Prüfsteine unseres Charakters. Wenn wir uns unwürdigen Verhaltens im Traum erinnern, berührt uns das kaum weniger, als wenn es Wirklichkeit gewesen wäre, und die Stärke unserer Trauer zeigt an, wie wenig weit der Traum von tatsächlichem unwürdigen Verhalten entfernt ist. Denn in den Träumen spielen wir nur eine Rolle, die wir in unseren wachen Stunden gelernt und geprobt haben müssen, und wir könnten ohne Zweifel die Entdeckung machen, daß wir, wären wir wach, ihr zustimmten. Hätte dieses Gefühl der Unwürdigkeit seine Ursache nicht in uns, warum würde es uns dann bekümmern?

In unseren Träumen sehen wir uns selbst nackt und geben unserem tatsächlichen Charakter Spielraum, und wir sehen uns sogar klarer, als wir andere Menschen im Wachen sehen. Eine unerschütterliche und beherrschende Tugend jedoch würde sogar die phantastischsten und undeutlichsten Träume zwingen, ihre stets wachsame Autorität zu achten. So sind wir gewohnt, obenhin zu sagen: »Wir hätten uns das nie träumen lassen!« Unser Leben ist am wahrsten dann, wenn wir in Träumen wach sind. (I, 1, 136)

Wir verweilen im Mannesalter, um die Träume unserer Kindheit zu erzählen, und sie sind halb vergessen, bevor wir die Fähigkeit erwerben, sie auszudrücken. (IV, 2, 407)

Nachdrücklich schweigen

Ich gedeihe am besten in der Einsamkeit. Habe ich nur einen einzigen Tag in der Woche einen Gefährten gehabt (es sei denn einer oder zwei, die ich nennen könnte), so finde ich, daß der Wert dieser Woche für mich ernstlich beeinträchtigt worden ist. Meine Tage sind vertan, und oft brauche ich noch eine Woche, um darüber hinwegzukommen. Wie die Eskimos der Smith's Strait in Nordgrönland lachten, als Kane sie warnte, sie würden vom Eis auf allen Seiten von ihrem Stamm abgeschnitten, vollständig vernichtet, wenn sie nicht in der richtigen Jahreszeit versuchten, den Gletscher zu überqueren, so lache ich, wenn du mir von den Gefahren der Verarmung durch Absonderung sprichst. Gerade in ihr sind das Walroß und der Seehund, der Eisbär, die Eiderenten und die Alke, an denen ich mich gütlich tue, am zahlreichsten. (IV, 2, 49)

Es lohnt sich nicht, unseren Unzulänglichkeiten zu erlauben, uns fortwährend zu quälen. Das Gewissen beherrscht doch wirklich nicht allein unser Leben in seiner Gesamtheit, und sollte das auch nicht tun, genau so wenig wie das Herz oder der Kopf. Es ist krankheitsanfällig wie jeder andere Teil. Ich habe Leute gesehen, deren Gewissen, ohne Zweifel weil sie ihm früher zu sehr nachgegeben hatten, so reizbar geworden war wie ein verzogenes Kind und ihnen schließlich keine Ruhe mehr ließ. Sie wußten nicht, wann sie das Wiedergekäute schlucken sollten, und so blieb ihr Leben natürlich ohne Milch. (I, 1, 75)

Ich glaube, daß der Geist entweiht werden kann durch die Angewohnheit, sich belanglosen Dingen hinzugeben, so daß alle unsere Gedanken einen Anflug von Belanglosigkeit bekommen. Sie werden so staubig wie die Steine auf der Straße. Und unser Geist wird gepflastert und asphaltiert, sein Fundament zu Schotter zerstoßen, über den die Räder der Reisenden rollen. Willst du wissen, was die dauerhafteste Pflasterung abgibt, besser als Steine, Bohlen aus Fichtenholz und Asphalt, dann brauchst du nur einen Blick in den Geist gewisser Leute zu tun. Wenn wir uns so entheiligt haben, können wir das nur so wieder gutmachen, daß wir uns mit Umsicht und Vorsicht, mit Eifer und Demut von neuem weihen und aus unserem Geist ein Heiligtum machen. Ich meine, wir sollten unseren Geist wie ein unschuldiges und argloses Kind behandeln, dessen Vormund wir sind, und Vorsicht walten lassen, auf welche Gegenstände wir seine Aufmerksamkeit lenken. Ich meine, daß sogar die wissenschaftlichen Fakten in ihrer Trockenheit den Geist mit Staub überziehen, wenn sie nicht jeden Morgen gewissermaßen von neuem ausgelöscht oder, besser gesagt, durch den Tau der frischen und lebendigen Wahrheit fruchtbar gemacht werden. Jeder Gedanke, der uns durch den Kopf geht, trägt zu dessen Abnutzung bei und vertieft die Geleise, die – wie die auf den Straßen von Pompeji – vom Grad ihrer Benutzung zeugen. Wie viele Dinge gibt es, bei denen wir gut täten, nachzudenken, ob sie zu wissen sich lohnt! Routine, Überlieferungen, Sitten usw.: wie sehr doch ihre übermäßige Beachtung den Geist zerflattern und verarmen läßt, ihn seiner Schlichtheit und Stärke beraubt, ihn entmannt! (III, 2, 343)

Wie hohl und wirkungslos unsere gewöhnliche Konversation doch ist! Oberfläche trifft auf Oberfläche. Wenn unser Leben nicht mehr nach innen gewandt und privat ist, entartet die Konversation zu reinem Klatsch. Wir stoßen selten auf einen Menschen, der uns Nachrichten überbringen kann, die er nicht in der Zeitung gelesen oder von einem Nachbarn erfahren hat, und meistens ist der einzige Unterschied zwischen uns und unserem Mitmenschen der, daß er die Zeitung gelesen hat oder zum Tee eingeladen war, und wir nicht. In dem Maße, in dem unser inneres Leben versiegt, gehen wir regelmäßiger und verzweifelter zum Postamt. Du kannst dich darauf verlassen, daß der arme Kerl, der, stolz auf seine ausgedehnte Korrespondenz, mit der größten Anzahl von Briefen herauskommt, von sich selber lange nichts mehr gehört hat. (II, 2, 471)

Das längste Schweigen ist die treffendste und die am treffendsten gestellte Frage. Nachdrücklich schweigen. Die wichtigsten Fragen, deren Antworten uns tiefer berühren als irgend jemand sonst, werden nie auf andere Weise gestellt. (IV, 2, 111)

Wie die vollkommenste Gesellschaft sich immer mehr der Einsamkeit annähert, so fällt die vortrefflichste Rede schließlich ins Schweigen. Schweigen ist für alle Menschen hörbar, zu jeder Zeit, an jedem Ort.

Schweigen herrscht, wenn wir innerlich, der Ton, wenn wir äußerlich lauschen. Die Schöpfung hat das Schweigen nicht verdrängt, sondern ist sein sichtbarer Rahmen und Hintergrund. Alle Töne sind seine Diener und Zuträger, die verkünden, nicht nur daß ihr Herrscher da ist, sondern auch, daß er ein nicht alltäglicher Herrscher ist, um dessen Gunst man sich ernsthaft bemühen muß. Sie sind so weit mit dem Schweigen verwandt, als sie nur Blasen auf dessen Oberfläche sind, die sofort platzen – ein Hinweis auf die Kraft und Fülle der Strömung, eine schwache Äußerung des Schweigens, und unseren Gehörnerven nur dann angenehm, wenn sie im Gegensatz zum Schweigen stehen und es mildern. In dem Maße, in dem sie das tun und das Schweigen erhöhen und verstärken, sind sie Harmonie und reinste Melodie.

Schweigen ist die große Zuflucht, das Ende aller langweiligen Diskurse, aller törichten Handlungen, ein Balsam für jeden Kummer, nach Sättigung so willkommen wie nach Enttäuschung, der Hintergrund, den der Maler, sei er Meister oder Stümper, nicht beschmieren darf, und der, so unbeholfen die Figur im Vordergrund ausgeführt sein mag, für immer unsere unantastbare Freistätte bleibt, wo keine Schmach uns befallen, nichts Persönliches uns stören kann.

Der Redner legt seine Individualität ab, und am beredtesten ist er dann, wenn er am meisten schweigt. Er lauscht, während er spricht, und ist zusammen mit seinen Zuhörern ein Hörer.

Wer hat nicht schon das unendliche Dröhnen des Schweigens gehört? Es ist das Sprachrohr der Wahrheit, das einzige Orakel, das wahre Delphi und Dodona. Könige und Höflinge täten gut daran, es zu befragen, sie würden nicht durch doppeldeutige Antworten verwirrt werden. Denn alle Offenbarungen haben im Schweigen stattgefunden, und genau in dem Maße, in dem die Menschen das Orakel in ihrem eigenen Inneren befragt haben, wurden ihnen klare Einsichten zu-

teil, und ihr Zeitalter durfte als aufgeklärt gelten. Immer jedoch, wenn es sie nach einem fremden Delphi und seiner wahn-
sinnigen Priesterin gelüstete, war ihr Zeitalter dunkel und
bleiern. Es waren dies die geschwätzigen und lärmigen Zeitalter, die keinen Ton mehr von sich geben; doch das griechi-
sche, das schweigende und melodiöse Zeitalter hallt und
hallt immer wieder in den Ohren der Menschen. (I, 1, 419)

Mach dir einen vollkommenen Leib!

Ein Mensch ist nie erleuchtet, wenn es nicht auch sein Leib
ist. Auch dieser verachtet ein zahmes und gewöhnliches Leben. Die machen einen schweren Fehler, die glauben, sie
könnten ihren Körper in Luxus oder Trägheit versumpfen
lassen, während sie mit ihrem Geist nach etwas streben. Der
Körper ist der erste Proselyt, den die Seele macht. Unser
Leben ist nur die an ihren Früchten, dem Leib, erkannte
Seele. Die ganze Pflicht des Menschen läßt sich in einem
Satz ausdrücken: Mach dir einen vollkommenen Leib! (III,
2, 197)

In Zeiten der Krankheit und der Dürre ist es ermutigend, zu
glauben, daß unser Leben sich angestaut hat und zu einer
Krise drängt, so daß offensichtlich kein Verlust eintritt, denn
was an Zeit verlorenging, haben wir an Kraft gewonnen.
Wenn wir durch die Wälder gehen oder nach vertanen Wochen in unserem Zimmer sitzen, hören wir ganz plötzlich,
und ohne daß wir es uns erklären könnten, auf, uns dürr und
dürftig zu fühlen. (IV, 2, 427)

Wenn wir nur klar genug sehen, wie armselig unser Leben
ist, dann wird es herrlich genug sein. Denken wir daran,
nicht zu lange in die Höhe zu streben, sondern uns auch

einmal in die andere Richtung fallen zu lassen. Noch aus der tiefsten Grube können wir die Sterne sehen. Seien wir geistesgegenwärtig genug, zu sinken, wenn wir nicht schwimmen können. Auf jeden Fall ist es besser, daß ein Aas auf dem Grunde liegt, als daß es, eine Beleidigung unserer Nasen, auf dem Wasser treibt. Es wird kein Fallen sein, denn wir werden außerhalb der Schwerkraft der Erde als Sterne kreisen und immer weiter nach oben gezogen werden (semper cadendo nunquam cadit). Indem wir uns so der universalen Schwerkraft anheimgeben, werden wir schließlich zu Fixsternen werden. (III, 2, 192)

Hole das beste aus den Dingen heraus, die du bereust. Ersticke nie deinen Kummer, sondern warte und pflege ihn, bis er seine eigene und selbständige Bedeutung hat. Tief bereuen heißt von neuem leben. Tust du das, so wirst du wieder in alle deine Rechte eingesetzt werden. (IV, 2, 260)

Mach dein Scheitern durch den Ernst und die Beständigkeit deines Strebens tragisch, dann wird es sich vom Erfolg nicht unterscheiden. Beweise, daß es das unausweichliche Fatum der Sterblichen, *eines* Sterblichen, ist – wenn du das vermagst. (V, 2, 225)

Unsere Freunde – die rücksichtslosen Vandalen

Ich habe verschiedene Freunde und Bekannte, die im Haus oder auf einem Nachmittagsspaziergang sehr gute Gefährten sind, die auf einen längeren Gang mitzunehmen ich mich aber nicht entschließen kann. Denn ich entdecke ganz plötzlich, daß sie in ihren Manieren, in ihrer Kleidung, in all ihren Angewohnheiten zu sehr Gentlemen sind. Ich sehe sie im Geiste schwarze Röcke tragen, ansehnlich gestärktes Linnen, glänzende Stiefel oder Schuhe – und es geht einfach nicht. Es ist ein großer Nachteil für einen Reisenden, ein Gentleman dieser Art zu sein; man behandelt ihn schlecht, und er ist nur eine Beute der Wirte. Es würde zuviel Aufsehen erregen, beträte man eine fremde Stadt oder ein Haus mit einem solchen Gefährten. Man könnte nicht inkognito reisen. Man könnte in die Zeitungen kommen. Man sollte als gewöhnlicher Mensch reisen. Wenn ein solcher Gentleman sich anschickte, zu Fuß eine Reise zu unternehmen, würde er sich bei jedem Schritt verraten. Jedermann sähe so deutlich, wie man einen lahmen Mann an seinem Hinken als lahm erkennt, daß es sich nur um einen Versuch handelte. Die Einheimischen würden sich vor ihm verneigen, andere Gentlemen würden ihn zu einer Spazierfahrt einladen, Schaffner würden ihn darauf aufmerksam machen, daß er in einem Zweitklasswagen sitze, und manche würden ihn für einen Pfarrer halten, und so würde er ständig belästigt und behindert und bedrängt. Er würde die Einheimischen nicht wirklich sehen. Anstatt ruhig ein Haus betreten und sich am Küchenfeuer niederlassen zu können, würde er in ein kaltes Empfangszimmer geführt und brächte die ganze Familie in Aufruhr. Bei seiner Ankunft stöben die Frauen auseinander, und die Ehemänner und Söhne stürzten davon, um ihre schwarzen Röcke zu holen, denn die haben sie alle. Sie sind spottbillig. Er würde seinen Leib auf den Straßen einherschleppen, nur ein Köder für beleibte Wirte, wie man einen Froschschenkel in einem Bach nachschleppt, um Hechte zu fangen, und sein Anteil am Gewinn wäre der des Froschs. Nein, du mußt ein gewöhnlicher Mensch sein oder zumindest als ein solcher reisen, und dann wird niemand wissen, daß du dort bist oder dort gewesen bist. (III, 2, 32)

Ich kenne eine Frau von unermüdlichem und wachem Geist, der ihre Bildung wichtig und die bestrebt ist, die größtmöglichen Vorteile zu genießen, und ich begegne ihr mit Vergnügen als einem natürlichen Menschen, der mich nicht wenig herausfordert und dem ich, glaube ich, meinerseits Anregungen biete. Und doch erreicht unsere Bekanntschaft offensichtlich nicht den Grad von Vertrautheit und Gefühlsstärke, nach dem Frauen, ja alle Menschen trachten. Ich freue mich, ihr zu helfen, so wie sie sich freut, wenn sie mir helfen kann; es ist mir sehr angenehm, im Umgang mit ihr eine Art von Vorrecht, das Vorrecht des Fremdlings zu genießen, und ich zögere, sie häufig zu besuchen, wie das ihre anderen Freunde tun. Hier hält meine Natur inne, ich weiß nicht recht warum. Vielleicht stellt diese Frau nicht den höchsten Anspruch an mich, nämlich einen religiösen. Einige Menschen, für deren Vorurteile oder besondere Neigungen ich nichts übrig habe, flößen mir doch Vertrauen ein, und ich baue darauf, daß sie mir zumindest als einem religiösen Heiden, einem guten Griechen ebenfalls vertrauen. Ich habe Grundsätze, die so fest verankert sind wie die ihren. Könnte diese Frau begreifen, daß ich mich ihr so weit anschließe, als unsere Schicksale zusammenfallen, so weit also, als unsere Schutzgeister es gestatten, und würde sie dennoch einen solchen Umgang schätzen, wäre mir das eine willkommene Bestätigung. Es kommt mir vor, als erschiene ich ihr sorglos, gleichgültig und prinzipienlos, als erwarte ich nicht mehr und sei doch mit weniger nicht zufrieden. Wenn sie wissen könnte, daß ich unendliche Ansprüche an mich selbst wie an alle anderen stelle, dann sähe sie ein, daß dieses aufrichtige, wenn auch nicht vollkommene Verhältnis unendlich viel besser ist als ein weniger zurückhaltendes, aber auf falschen Voraussetzungen beruhendes und nicht dem Gesetz des Wachstums unterliegendes. Denn als Gefährten brauche ich einen, der den gleichen Anspruch an mich stellt wie mein eigener Genius. Ein solcher wird immer wahrhaft tolerant sein. Es ist Selbstmord und verdirbt die guten Sitten, wenn man mit weniger zufrieden ist. Ich schätze die und vertraue auf die, die mein Streben und nicht meine Leistung lieben und preisen. Wenn du nicht damit zufrieden bist, mich anzublicken, sondern dorthin blickst, wohin ich blicke, und noch weiter, dann kann ich deiner Gesellschaft für meine Weiterentwicklung nicht entraten. (I, 1, 297)

Meine erlauchten und unbekümmerten Nachbarn, sorgen wir dafür, daß jeder dem anderen soviel Vorteile wie möglich bietet; wir werden uns gegenseitig nützlich, wenn nicht bewundernswert sein. Ich weiß, daß die Berge, die uns trennen, hoch und mit ewigem Schnee bedeckt sind, aber verzweifelt nicht! Nützt das heitere Winterwetter, sie zu besteigen. Wenn nötig, weicht das Eis mit Essig auf. Denn da liegen die grünen Ebenen Italiens, bereit, euch zu empfangen. Und ich meinerseits werde nicht zögern, in eure Provence vorzustoßen.

Schlagt dann kühn nach meinem Kopf oder meinem Herzen oder sonst einem lebenswichtigen Teil. Verlaßt euch drauf, das Holz ist gut abgelagert und zähe und erträgt rauhe Behandlung. Und wenn es brechen sollte – dort, wo es herstammt, gibt es noch mehr als genug. Ich bin nicht ein Stück Geschirr, an das man nicht anstoßen kann, ohne daß es Gefahr liefe, zu zerbrechen, und ich werde nicht bis ans Ende meiner Tage falsch und mißtönend klingen, wenn ich einmal einen Sprung habe; eher bin ich eines jener altväterischen Hackbretter, die einmal am Kopfende des Tisches liegen, ein andermal als Melkstuhl dienen und noch ein anderes Mal als Sitzgelegenheit für die Kinder, und die nicht sterben, bis sie abgenutzt sind und schließlich nicht ohne ehrenvolle Narben zu Grabe getragen werden. Nichts kann einen braven Mann schockieren außer Stumpfheit. Denkt daran, wieviel Rückschläge jedermann in seinem Leben hat hinnehmen müssen; vielleicht ist er in einen Pferdeteich gefallen, hat Frischwassermuscheln gegessen oder sein Hemd eine ganze Woche lang getragen, ohne es zu waschen. In der Tat kann man einen Schock nicht bekommen, wenn man nicht eine elektrische Affinität zu dem hat, das einen schockiert. Benützt mich also, denn ich bin auf meine Weise nützlich . . .

Ach, meine lieben Fremdlinge und Feinde, ich werde euch nicht vergessen. Ich kann es mir wohl leisten, euch willkommen zu heißen. Gestattet mir zu unterzeichnen als euer getreuer und euch verbundener Diener. Wir haben von unseren Feinden nichts zu fürchten; Gott unterhält zu diesem Zweck eine stehende Armee; aber wir haben keine Bundesgenossen gegen unsere Freunde, diese rücksichtslosen Vandalen. (I, 1, 305)

So gewiß der Sonnenuntergang in meinem letzten November mich in die ätherische Welt versetzen und mich an den roten Morgen der Jugend gemahnen wird, so gewiß die letzten Klänge einer Musik, die an mein sterbendes Ohr dringt, mich das Alter werden vergessen lassen, oder, um es kurz zu sagen, so gewiß die vielfältigen Einflüsse der Natur während der ganzen Spanne meines Lebens wirksam sein werden, so gewiß wird mein Freund auf alle Zeiten mein Freund sein und einen Strahl Gottes auf mich lenken; und die Zeit soll unsere Freundschaft mehren und sie gleich einer Tempelruine ausschmücken und weihen. Wie ich die Natur liebe, wie ich die Singvögel liebe und schimmernde Stoppelfelder und dahinziehende Flüsse und Morgen und Abend und Sommer und Winter, so liebe ich dich, mein Freund.

Aber alles, was man über Freundschaft sagen kann, verhält sich zu ihr wie die Botanik zu den Blumen . . .

Sogar noch der Tod eines Freundes wird uns so inspirieren wie sein Leben. Der Freund wird den Trauernden Trost hinterlassen, so wie die Reichen Geld hinterlassen für die Kosten ihres Begräbnisses, und die Erinnerung an ihn wird mit erhabenen und angenehmen Gedanken angereichert, so wie die Grabsteine anderer Männer von Moos überwachsen werden; denn unsere Freunde haben ihren Platz nicht im Friedhof. (I, 1, 303)

Durchmustere ich ganz unparteiisch die Liste meiner Bekannten, und betrachte ich die charakterlichen Auswüchse und Mängel eines jeden – und ich nehme mich selbst nicht aus – dann muß ich mich fragen: Wenn das eine gesunde Welt ist, wie muß ein Irrenhaus aussehen? Nur wenn man eine gewisse Nachsicht übt und ihre Fehler nicht zur Kenntnis nimmt, werden die Besten zur Gesellschaft tauglich. (IV, 2, 318)

Wir vergessen, uns strebend zu bemühen und sogar noch Besseres zu leisten, als man von uns erwartet. Ich kann mich nicht aufhalten, um Glückwünsche entgegenzunehmen. Ich möchte die Welt hinter mir lassen. Wir müssen uns von unseren Schmeichlern zurückziehen, sogar von unseren Freunden. Sie ziehen uns in die Tiefe.
Es ist selten, daß wir unsere Denkfähigkeit mit solcher Entschiedenheit handhaben wie ein Ire seinen Spaten. Um unseren Freunden und Verwandten zu gefallen, fördern wir unser Silbererz in ganzen Wagenladungen und versäumen dabei, unsere Goldadern auszubeuten, die nur wir kennen, hoch oben in den Sierras, wo wir beim Gang über die Berge einen Strauch aus der Erde rissen und den glitzernden Schatz erblickten. Kehren wir dorthin zurück! (IV, 2, 169)

Heroische Sympathie

Wenn ich für menschliche Freundschaft zu kalt bin, dann baue ich darauf, daß ich es nicht so bald für die Einflüsse der

Natur sein werde. Es scheint ein Gesetz zu sein, daß man nicht mit den Menschen *und* mit der Natur in tiefer Sympathie sein kann. (III, 1, 347)

Meine Schwierigkeiten mit meinen Freunden sind derart, daß kein Freimut sie beseitigen kann. Im Neuen Testament gibt es keine Vorschrift, die mir behilflich sein könnte . . . Andere können beichten und erklären, ich kann es nicht. Nicht daß ich zu stolz dazu wäre. Aber Erklären ist nicht das, was nottut. Freundschaft ist die unaussprechliche Freude und der Segen, der zwei oder mehr Menschen erwächst, die ihrer Veranlagung nach miteinander in Einklang stehen. Solche Naturen tun gewöhnlich keinen Fehlgriff, sondern sie werden sich durch dick und dünn erkennen. Zwischen zweien, die ihrem Wesen nach ähnlich und der Sympathie fähig sind, gibt es keinen Schleier, und es kann kein Hindernis geben. Wer sind, die sich entfremdet haben? Zwei Freunde, die sich etwas erklären.
Mein Wesen ist das eines Steins. Es bedarf der Sommersonne, um ihn zu wärmen. – Meine Bekannten geben mir manchmal zu verstehen, daß ich zu kalt sei, aber jedes Ding ist für seinesgleichen warm genug. Ist der Stein zu kalt, der die Hitze der Sommersonne in sich aufnimmt, und sie in der Nacht wieder freigibt? Kristalle, und seien sie aus Eis, sind nicht zu kalt, um zu schmelzen; sie haben sich im Prozeß des Schmelzens geformt. Kalt! Ich empfinde die Wärme am stärksten in den Wintertagen. Es ist nicht die Wärme des Feuers, die ihr haben wollt; alles ist warm oder kalt gemäß seiner Natur. Nicht, daß ich zu kalt wäre – sondern unsere Wärme und Kälte sind nicht der gleichen Art . . . Ein Kristall beschwert sich über einen anderen Kristall so wenig wie ein Täuberich über sein Weibchen. Ihr, die ihr euch beklagt, daß ich kalt sei, findet die Natur kalt. Für mich ist sie warm . . . (IV, 2, 1)

Nimm an, du sagest einem Freund, der eine Reise antritt, lebewohl; welch anderes äußeres Zeichen kennst du, als seine Hand zu schütteln? Hast du für ihn irgendeine Suada bereit? Eine Tube Salbe, die er in seine Tasche stecken könnte? Eine besondere Botschaft, die er überbringen soll? Eine Mitteilung, die du zu machen vergaßest – als ob du irgend etwas vergessen könntest? Nein, es ist sehr viel, seine Hand zu nehmen und lebewohl zu sagen: das könntest du leicht unterlassen; bis zu diesem Punkt hat sich die Konvention durchgesetzt. Wenn er geht, ist es sogar schmerzhaft, daß er so lange noch verweilt. Wenn er gehen muß, laß ihn schnell gehen. Hast du irgendwelche *letzten* Worte? Ach, es ist nur das Wort der Worte, das du lange gesucht und nie gefunden hast: *du* hast noch nicht einmal das *erste* Wort. Es gibt wenige, die ich ernstlich bei ihrem eigenen Namen zu nennen wagte. Ein ausgesprochener Name ist die Anerkennung des Individuums, das ihn trägt. Wer meinen Namen richtig auszusprechen weiß, kann mich rufen und hat Anspruch auf meine Liebe und auf meine Dienste . . .

Das Ungestüm der Liebe ist so sehr zu fürchten wie das des Hasses. Ist die Liebe von Dauer, dann ist sie heiter und ausgeglichen. Sogar ihre berühmten Schmerzen beginnen erst mit ihrem Abebben; denn der wirklich Liebenden sind nur wenige, obgleich alle es sein möchten. Es ist ein Erweis dafür, ob ein Mensch zur Freundschaft tauglich ist, daß er dessen entraten kann, was billig und leidenschaftlich ist. Freundschaft ist so weise wie zerbrechlich. Die an ihr teilhaben, lassen sich von der Liebe leiten und kennen kein anderes Gesetz. Es ist nicht extravagant oder wahnsinnig; das, was es vorschreibt, gilt von nun an und verträgt auch, daß es zur Floskel wird. Es ist eine andere Wahrheit, es ist eine bessere und freudigere Botschaft, und die Zeit wird es nie zuschanden machen oder widerlegen. Es ist eine Pflanze, die am besten in einer gemäßigten Zone gedeiht, in der Sommer und Winter miteinander abwechseln. Der Freund ist ein *necessarius*, und er begegnet seinem Freund auf vertrautem Boden. Nicht auf Teppichen und Kissen, auf dem Erdboden und auf Felsen sollen sie, den natürlichen und primitiven Gesetzen gehorchend, sitzen. Sie werden sich ohne Aufschrei begegnen und ohne Trauer trennen. Ihre Beziehung beruht auf Eigenschaften, wie sie der Krieger schätzt; denn es braucht Tapferkeit, die Herzen der Männer wie die Tore von Burgen zu öffnen. Es geht nicht einfach um müßige Sympathie und gegenseitigen Trost, sondern um eine heroische Sympathie im Streben und im Wollen . . .

Mit Genugtuung erinnert man sich der Freundschaft, die Wawatam für Henry, den Pelzhändler, bezeugte, beschrieben in dessen »Adventures«, eine Freundschaft fast nackt und ohne Blätter, und doch nicht ohne Blüten oder Früchte. Der strenge, gelassene Krieger kommt nach einer Zeit des Fastens, der Einsamkeit und der Abtötung des Fleischs zur Hütte des weißen Mannes und versichert ihm, daß er der weiße Bruder sei, den er in seinem Traum erblickt habe, und nennt ihn von Stund an seinen Freund. Was diesen betrifft, begräbt Wawatam das Kriegsbeil, und zusammen jagen und feiern sie und bereiten Ahornzucker zu. »Die Metalle vereinigen sich aufgrund ihrer Schmelzbarkeit, Vögel und andere Tiere aus praktischen Gründen, Narren aus Furcht oder Dummheit, die Menschen auf den ersten Blick.« Wenn Wawatam und sein Stamm die »Milch des weißen Mannes« kosten, oder wenn er seine Schüssel Menschenbrühe trinkt, bereitet aus den Landsleuten des Händlers, findet er zuvor einen sicheren Zufluchtsort für seinen Freund, den er von einem ähnlichen Schicksal errettet hat. Schließlich, nach einem Winter ununterbrochenen glücklichen Zusammenlebens, des Jagens und Fischens, kehren sie im Frühling nach Michilimackinac zurück, um ihre Felle zu verkaufen. Es erweist sich für Wawatam als notwendig, sich von seinem

Freunde auf der Isle aux Outardes zu verabschieden. Um seinen Feinden zu entgehen, wollte dieser sich nach Sault de Sainte Marie begeben, nahm aber an, daß sie nur kurze Zeit getrennt sein würden. »Wir tauschten«, sagt Henry, »nun unsere Abschiedsgrüße mit gleicher innerer Bewegung aus. Ich verließ die Hütte nicht ohne tiefste Dankbarkeit für die vielen Wohltaten, die mir in ihr zuteil geworden waren, und nicht ohne die aufrichtigste Bewunderung für die Tugenden, deren Zeuge ich gewesen war. Die ganze Familie begleitete mich zum Strand, und kaum hatte das Kanu abgelegt, als Wawatam ein Gebet an den Kichi Manito (die oberste Gottheit) zu sprechen begann, ihn anflehte, sich meiner, seines Bruders, anzunehmen, bis wir wieder zusammenträfen. Als Wawatam seine Gebete beendigt hatte, waren wir bereits zu weit entfernt, um seine Stimme zu hören.« (I, 1, 290)

Wir erwecken Freundschaft in den Menschen, wenn wir Freundschaft mit den Göttern geschlossen haben. (III, 2, 75)

Die Verweichlichung in der Zuneigung – das ist die Gefahr. In unserer Liebe muß wie an einem Wintermorgen Kraft und Heldentum sein. In den Religionen aller Völker finden sich Hinweise auf eine Reinheit, die, so fürchte ich, die Menschen nie erlangen werden. Wir können uns lieben und doch nicht gegenseitig emporheben. Die Liebe, die uns so nimmt, wie sie uns findet, erniedrigt uns. Wie sehr müssen wir über unsere schönste und reinste Gemütsbewegung wachen, damit sie nicht befleckt werde. Mögen wir so lieben, daß wir nie Grund haben, unsere Liebe zu bereuen . . .
Blumen, die mit ihren unendlich vielfältigen Farben und Düften die Hochzeit der Pflanzen feiern, sind als Symbol für die offene und ungeahnte Schönheit jeder wahren Ehe gedacht, mit der die Blütezeit des Menschen beginnt.
Auch die Jungfräulichkeit ist eine knospende Blume, und die

Jungfrau wird durch eine unreine Ehe geschändet. Jeder, der Blumen liebt, liebt Jungfrauen und Keuschheit. Liebe und fleischliche Begierde sind so weit voneinander entfernt wie ein Blumengarten von einem Bordell. (V, 2, 207)

Die Art und Weise, in der ein Mensch über die Beziehung der Geschlechter spricht, zeigt an, wie weit seine eigenen Beziehungen dieser Art heilig sind. Wer über diesen Gegenstand scherzen kann, den achten wir nicht. (III, 1, 61)

Natur – Zuflucht vor dem Menschen

Zum Teil liebe ich die Natur, weil sie nicht Mensch ist, sondern eine Zuflucht vor ihm. Keine seiner Einrichtungen beherrscht oder durchdringt sie. Hier gilt ein Recht ganz anderer Art. Inmitten der Natur kann ich mit ganzer Fröhlichkeit froh sein. Wenn diese Welt nur Mensch wäre, könnte ich mich nicht entfalten. Ich verlöre alle Hoffnung. Er ist Zwang, sie ist für mich Freiheit. Er macht, daß ich mich nach einer anderen Welt sehne; sie macht mich mit dieser zufrieden. Keine der Freuden, die sie mir schenkt, ist seinen Regeln und Definitionen unterworfen. Was er berührt, befleckt er. Denkt er, so moralisiert er. Man möchte meinen, daß ihm keine freie, fröhliche Arbeit möglich sei. Wie unendlich und rein ist das geringste Vergnügen, das aus der Natur erwächst, verglichen mit dem Beifall der Menschen. (IV, 2, 106)

In der Gesellschaft wirst du Gesundheit nicht finden, wohl aber in der Natur. Stünden wir nicht wenigstens mit unseren Füßen in der Natur, wären unsere Gesichter bleich und bleiern. Gesellschaft ist immer krank, und die beste am meisten. In ihr gibt es keinen so gesunden Duft wie den der Fichte, und auch keinen Geruch, der so durchdringend und so erholsam wäre wie der eines immerwährenden Lebens auf dem Weideland. Als eine Art Elixier trage ich stets ein Buch über Naturkunde bei mir. Die Lektüre soll den Tonus meines Organismus wiederherstellen. Für den Kranken ist die Natur in der Tat krank, für den Gesunden aber eine Quelle der Gesundheit. Wer eine schöne Einzelheit in der Natur betrachtet, ist gegen Leid und Enttäuschung gefeit. Die Lehre von der Verzweiflung, der geistigen oder politischen Tyrannis und Knechtschaft, haben nie die verkündet, die an der Heiterkeit der Natur teilhaben. (V, 1, 105)

Es ist beruhigend, daran erinnert zu werden, daß die wilde Natur etwas zum Nutzen des Menschen hervorbringt. Die Menschen wissen, daß *etwas* für sie gut ist. Der eine sagt, es sei der gelbe Ampfer, der andere, es sei Bittersüß, ein anderer, es sei Ulmenrinde, Klette, Katzen- oder Bergminze, Alkannawurzel oder Flohkraut. Ein Mann kann sich glücklich schätzen, wenn seine Nahrung auch seine Medizin ist. Es gibt kein Kraut, von dem nicht irgend jemand behauptet, es sei gut. Mich freut es, das zu hören. Es erinnert mich an das erste Kapitel der Genesis. Aber wie konnten sie wissen, daß es gut sei? Für mich ist es ein Rätsel. Ich bin immer angenehm enttäuscht; es ist unglaublich, daß sie es herausgefunden haben sollten. Da alle Dinge gut sind, können die Menschen schließlich nicht mehr unterscheiden, was Giftkraut und was Gegengift ist. Es gibt sicher zwei Rezepte, die sich diametral entgegenstehen. Eine Erkältung zu mästen und sie auszuhungern, sind nur zwei verschiedene Methoden, die beide immer im Schwange sind. Und doch mußt du den Rat der einen Schule annehmen, als gäbe es keine andere. Was Religion und Heilkunst betrifft, so befinden sich alle Nationen noch immer in einem Zustand der Barbarei. In den meisten zivilisierten Ländern ist der Priester noch immer nur ein Powwow (ein indianischer Medizinmann) und der Arzt die Große Medizin. Beachte die Unterwürfigkeit, mit der man überall die Meinung des Arztes entgegennimmt. Nichts verrät deutlicher die Leichtgläubigkeit der Menschheit als die Medizin. Quacksalberei ist allgemein und allgemein erfolgreich. Hier gilt wirklich, daß für die Leichtgläubigkeit der Menschen kein Betrug zu groß ist. Priester und Ärzte sollten sich nie ins Antlitz schauen. Sie haben keinen gemeinsamen Boden, noch gibt es etwas, das zwischen ihnen vermitteln könnte. Wenn der eine hereinkommt, geht der andere hinaus. Wenn sie zusammentreffen, dann nicht ohne Gelächter oder bedeutsames Schweigen, denn der Beruf des einen ist eine Satire auf den des andern, und der Erfolg des einen wäre das Scheitern des andern. Es ist ein Wunder, daß die Ärzte überhaupt sterben und daß der Priester überhaupt lebt. Warum wird der Priester nie gerufen, um sich mit dem Arzt zu besprechen? Weil die Menschen in der Praxis glauben, daß der Stoff vom Geist unabhängig sei? Was aber ist Quacksalberei? Sie ist gewöhnlich der Versuch, die Krankheiten zu heilen, indem man sich nur an den Körper wendet. Wir brauchen einen Arzt, der zugleich dem Körper wie dem Geist, das heißt dem Menschen dient. Wie die Dinge jetzt stehen, fällt er zwischen zwei Stühle. (I, 1, 272)

Alle Erzeugnisse der Natur haben eine gewisse flüchtige und ätherische Qualität, die ihren höchsten Wert darstellt und die nicht gemein gemacht, nicht gekauft und verkauft werden kann. Kein Sterblicher hat jemals den vollkommenen Geschmack einer Frucht genossen, und nur die Gottgleichen unter den Menschen beginnen allenfalls, ihre ambrosischen Eigenschaften zu schmecken. Denn Nektar und Ambrosia sind nur jenes feine Aroma jeder irdischen Frucht, das unsere groben Gaumen nicht wahrnehmen können – so wie wir den Himmel der Götter bewohnen, ohne es zu wissen. Wenn ich sehe, wie ein überaus ärmlicher Mann eine Fuhre schöner, duftender Frühäpfel auf den Markt bringt, meine ich einen Wettkampf zwischen ihm und seinem Pferd auf der einen und den Äpfeln auf der anderen Seite zu sehen, und meiner Ansicht nach gewinnen die Äpfel immer.

Plinius sagt, Äpfel seien die schwersten aller Dinge, und wenn sie nur eine Ladung sähen, begännen die Ochsen zu schwitzen. Unser Fuhrmann fängt in dem Augenblick an, seine Last zu verlieren, in dem er versucht, sie irgendwohin zu bringen, wo sie nicht hingehört, das heißt nicht dorthin, wo die größte Schönheit herrscht. Obgleich er von Zeit zu Zeit absteigt und sie betastet und meint, die Äpfel seien noch vorhanden, sehe ich ihre flüchtigen himmlischen Qualitäten von seinem Wagen zum Himmel aufsteigen, und nur Fleisch, Schale und Kern gehen zum Markt. Das sind keine Äpfel, es ist Trester. Sind das nicht immer noch Idunas Äpfel, deren Genuß die Götter ewig jung erhält? Und glaubst du, daß sie sich von Loki oder Tiwaz nach Jötenheim bringen lassen, wo sie runzlig und alt werden? Nein, denn noch ist nicht Ragnarök, die Götterdämmerung. (V, 1, 115)

Das Geheimnis der Pflanze

Die Natur ist immerwährend schöpferisch und erfindet wie der Handwerker in seiner Werkstatt neue Muster. Wenn die überhängende Fichte durch die Kräfte der Sonne und des Windes, die an ihr zehren, ins Wasser stürzt, werden ihre Zweige weiß und glatt und nehmen phantastische Formen an, als wäre sie auf einer Drehbank gedrechselt worden. Alle Dinge sind ja einer drehenden Bewegung unterworfen, entweder einer langsamen und teilweisen, oder einer raschen und vollständigen, vom Planeten und dem Planetensystem bis zu der einfachsten Muschel und den Kieselsteinen am Strand, als entstünde alle Schönheit dadurch, daß ein Gegenstand sich um seine eigene Achse dreht oder daß andere sich um ihn drehen. Er gibt dem Weltall einen neuen Mittelpunkt. Wie alle Kurven sich auf ihre Zentren oder Brennpunkte beziehen, so bezieht sich alle Schönheit des Charakters auf die Seele. (III, 1, 138)

Das Geheimnis des Lebens der Pflanzen ist dem unseres eigenen Lebens verwandt, und der Physiologe darf sich nicht anmaßen, ihr Wachstum nach mechanischen Gesetzen zu erklären, wie er eine selbstgebaute Maschine erklären würde. Wir dürfen nicht erwarten, mit unseren Fingern in das Heiligtum des Lebens eindringen zu können, sei es pflanzlicher oder tierischer Art. Wenn wir es tun, werden wir nichts entdecken als noch mehr Oberfläche. Die Quintessenz oder die Frucht jedes erschaffenen Dinges ist ein feiner Ausfluß, den nur der unschuldigste Verehrer in achtungsvoller Entfernung wahrnimmt. Ursprung und Wirkung sind gleichermaßen flüchtig und ungreifbar, und jener muß im gleichen Geiste und mit der gleichen Ehrfurcht erkundet werden, mit der diese wahrgenommen wird. Die Wissenschaft ist oft wie ein Wurm, der es sich im Keim einer Frucht gemütlich gemacht hat, sie aber lediglich verseucht und verzehrt, nie aber jemals wirklich schmeckt. (III, 1, 82)

Nach Linnäus werden in den warmen Gegenden sehr viele Pflanzen, die bei uns einjährig sind, perennierend und baumwüchsig, denn die Lebensdauer hängt oft mehr vom Ort als von der Pflanze ab. So ist es auch mit den Menschen. Unter günstigen Voraussetzungen wird die menschliche Pflanze, kurzlebig und zwerghaft wie sie ist, perennierend und baumwüchsig.
Ich habe die Bedeutung von in der Botanik gebräuchlichen wissenschaftlichen Ausdrücken in kürzester Zeit und genauer aus ein paar Darstellungen am Ende der »Philosophia

Botanica« erlernt, denen die Namen beigegeben waren, als ich das aus den Erklärungen und Kommentaren eines ganzen Buches hätte tun können. Damit die Rückseiten der Blätter nicht weiß blieben, hat Linnäus auf ihnen sehr gedrängte und wichtige Anleitungen für den Studenten der Botanik gegeben. Dieser Gesetzgeber der Wissenschaft, dieser Systematisierer, dieser Methodiker trägt sein System in die Feldstudien hinein. Auf einer Seite gibt er einige Anweisungen für die »herbatio« oder das Botanisieren. Er bringt Gesetz, Ordnung und System hinein, und er beschreibt es mit größter Sparsamkeit an Worten – all das, wofür gewisse andere einen kleinen Band gebraucht hätten, auf einer kleinen Seite. Er sagt, wie man sich kleiden soll, welche Instrumente mitzunehmen sind, welche Jahreszeiten und Stunden zu beachten sind, nämlich »vom ersten Ausschlagen der Bäume bis zum Fallen der Blätter, sommers zweimal in der Woche, im Frühling einmal, von sieben Uhr morgens bis sieben Uhr nachts«, wann man essen und ausruhen soll, ob man in einer Gruppe oder einzeln botanisieren soll, wie weit man gehen soll, höchstens zweieinhalb Meilen, was man sammeln soll, was zu beobachten ist, usw. usw. (II,1,121)

Humboldt hat ein interessantes Kapitel über den Urwald geschrieben, aber niemand hat mir bis jetzt den Unterschied zwischen diesem wilden Wald, der einst unsere ältesten Felder bedeckte, und dem zahmen Wald beschrieben, der sich jetzt dort findet. Es ist ein Unterschied, auf den man wohl achten sollte. Der zivilisierte Mensch kultiviert nicht unermüdlich und weithin das Land auf alle Zeiten und bestellt die freien Felder, sondern er zähmt und rodet bis zu einem gewissen Grad den Wald selbst. Beinahe nur durch seine bloße Gegenwart verändert er die Natur der Bäume, wie kein anderes Geschöpf das tut. (II, 1, 167)

Das Purpurgras (Eragrostis pectinacea) hat jetzt den Gipfel seiner Schönheit erreicht. Ich erinnere mich noch immer daran, wie ich zum ersten Mal auf dieses Gras aufmerksam wurde. Ich stand auf einem Hügel in der Nähe unseres Flusses, und ich erblickte in einer Entfernung von dreißig oder vierzig Ruten einen sechs Ruten langen purpurnen Streifen am Waldrand, wo das Gelände sich gegen eine Wiese hin senkte. Er war so lebhaft gefärbt und so interessant wie die Bestände von Ankerblumen, wenn auch nicht ganz so hell, sondern von einem dunkleren Purpur, wie der Fleck einer saftigen Beere, die dick und fest aufgepreßt worden ist. Als ich näher kam und genau hinschaute, erkannte ich eine Art blühenden Grases, kaum einen Fuß hoch, mit nur wenigen grünen Blättern und einer schön sich entfaltenden Rispe von purpurnen Blüten; ein dünner Purpurnebel umzitterte mich. Von nahem gesehen schien es nur ein stumpfer Purpur zu sein, der das Auge wenig beeindruckte; es war sogar schwierig, ihn zu entdecken, und wenn man eine einzelne Blüte pflückte, war man überrascht, zu sehen, wie dünn sie war und wie wenig Farbe sie hatte. Erblickte man sie aber aus der Ferne in einem günstigen Licht, dann war sie von einem schönen, lebhaften Purpur, blumenähnlich, eine Bereicherung der Erde. Solche winzigen Ursachen vereinen sich, um diese eindrücklichen Wirkungen hervorzubringen. Es überraschte und bezauberte mich um so mehr, als Gras im allgemeinen von nüchterner, demütiger Farbe ist.

Mit seinem schönen purpurnen Anflug erinnert mich das Purpurgras an die Ankerblume, deren Platz es einnimmt. Sie ist jetzt verblüht, war aber eine der interessantesten Erscheinungen im August.

Die schönsten Bestände des Purpurgrases finden sich auf Schutt oder in Streifen am Fuße trockener Hügel, gleich über den Wiesenrändern, wo der habgierige Mäher es verschmäht, seine Sichel zu schwingen; denn da ist dünnes und armseliges Gras, das er nicht beachtet. Oder vielleicht weiß er nicht, daß das Purpurgras existiert, weil es so schön ist. Denn das gleiche Auge kann nicht dieses und das große Kolbengras zugleich wahrnehmen . . . Er erntet sorgfältig das Wiesenheu und die nahrhaften Gräser, die in der Nähe wachsen, aber er überläßt diesen feinen purpurnen Nebel dem Spaziergänger zur Ernte, Futter für dessen Phantasievieh. Höher auf dem Berge wachsen vielleicht auch Brombeeren, Johanniskraut und wertloses, verwelktes, drahtiges Junigras. Wie gut, daß das Purpurgras an solchen Orten wächst und nicht inmitten der üppigen Gräser, die alljährlich gemäht werden! So hält die Natur Nützlichkeit und Schönheit auseinander. Ich kenne viele solcher Plätze, an denen sich das Purpurgras unfehlbar jedes Jahr einstellt und die Erde mit seinem Rot bemalt. Es wächst an den sanften Abhängen entweder in einem zusammenhängenden Bestand oder in vereinzelten runden Büschen, etwa einen Fuß im Durchmesser, und es bleibt, bis die ersten scharfen Fröste es töten. (V, 1, 253)

Das Tier – ein Gebilde, das kein Mensch verstehen kann

Ich meine, bei der Beschreibung eines Tieres sei die wichtigste Erfordernis die, sein Wesen und seinen Geist wiederzugeben, denn damit hat man unfehlbar die Summe und die Wirkung aller seiner Teile, der bekannten und der unbekannten. Man muß sagen, was es dem Menschen bedeutet. Sicherlich ist der wichtigste Teil eines Tiers (animal) seine *anima*, sein Lebensgeist, auf dem sein Wesen und alle die Einzelzüge, durch die es vornehmlich zu uns spricht, beruhen. Und doch lassen die meisten wissenschaftlichen Bücher, die sich mit Tieren befassen, das völlig aus, und was sie beschreiben, sind sozusagen Erscheinungsformen der toten

Materie. Was zum Beispiel an einem Hund am interessantesten ist, ist seine Anhänglichkeit an seinen Herrn, seine Intelligenz, sein Mut usw., und nicht seine anatomische Struktur und noch viel weniger seine Verhaltensweisen, die uns nur wenig angehen. Wenn du es auf dich genommen hast, die Biographie eines Tiers zu schreiben, mußt du uns das *lebende* Geschöpf vorführen, das heißt ein Gebilde, das kein Mensch verstehen kann. Er kann nur nach seinem Vermögen den Eindruck wiedergeben, den es auf ihn gemacht hat. In vielen ihrer Disziplinen wagt sich die Naturwissenschaft nicht über die Schale hinaus, das heißt sie dringt zur belebten Natur überhaupt nicht vor. Eine Geschichte der belebten Natur muß selbst belebt sein. Mit ihren Gorgonen, Sphinxen, Satyrn, Mandragoren usw. konnten sich die Alten mehr Tiere vorstellen als es gab, während die Heutigen sich nicht einmal die vorstellen können, die existieren.

Unsere Systeme schaden uns ebenso oft als sie uns nützen, denn in Wirklichkeit ist kein System wahr. Ein Name ist höchstens eine Konvention, und er führt keine Information mit sich. Sobald ich anfange, mir des Lebens eines Geschöpfes bewußt zu werden, vergesse ich seinen Namen. Wenn wir gelernt haben, die Geschöpfe auseinanderzuhalten – je schneller wir ihre Namen dann vergessen, um so besser, wenn wir sie wirklich verstehen wollen. Deshalb glaube ich, daß die Namen die am wenigsten schädlichen sind, die die Stimme oder den Ruf eines Tiers nachahmen, wie sie auch die poetischsten sind. Der Name jedoch hängt nur dem Vogel oder Vierfüßler unserer Vorstellung an, nicht einen Augenblick lang dem wirklichen. Im Namen eines großen Mannes ist immer etwas Lächerliches, als hieße er John Smith. Der Name ist bequem im Verkehr mit anderen, aber man sollte sich nicht an ihn erinnern, wenn man mit sich selbst verkehrt. (IV, 2, 405)

Die Bewegung der Vierfüßler ist die gehemmteste und unnatürlichste; sie ist winklig und abrupt, ausgenommen bei Tieren des Katzengeschlechts, wo das Wellenförmige beginnt. Die Bewegung der Vögel und der Fische ist anmutiger und freier. Sie bewegen sich um einen weiter nach innen gelegten Angelpunkt – die Vierfüßler kraft ihres Gewichts oder des Widerstands, den sie der Natur leisten, Vögel und Fische kraft ihres Schwimmvermögens und weil sie der Natur nachgeben. Eine unbeholfene Bewegung ist eine solche des Widerstands, eine anmutige des Nachgebens ... Die subtilste, die idealste, die am meisten vergeistigte Bewegung ist die wellenförmige. Sie kommt dadurch zustande, daß das feinste Element auf das nächstfeinste stößt. Das Kräuseln der Wellen ist eine anmutigere Art des Flugs.
Betrachtest du es von einem Berggipfel aus, wirst du in ihm Vogelschwingen in endloser Wiederholung bemerken. Die zwei Wellenlinien, die den Flug ausmachen, scheinen dem Gekräusel nachgebildet zu sein. In unserer innersten Erfahrung gibt es etwas ganz Ähnliches. In der Ekstase schwingen wir in den Wellen des göttlichen Geistes wie der See im Wind. (IV, 2, 439)

Nahe dem North River machten zwei Eichhörnchen um mich und über mir viel Wesens von sich; sie rannten hurtig von Baum zu Baum, sprangen von der Spitze eines Asts auf die eines anderen Asts am nächsten Baum, bis sie eine große Weißtanne erreicht und erklettert hatten. Ich näherte mich ihr und stellte mich unter sie, während die beiden einen großen Wirbel um mich veranstalteten. Eines kam schließlich ein Stück herunter, um zu rekognoszieren. Es spähte, seinen Hals über einen Ast vorgereckt, nach mir aus und besorgte anscheinend das Bellen, ein schwaches, kurzes, abgehacktes Bellen wie das eines Schoßhundes, wobei sein Schwanz jedesmal vibrierte. Das andere, das höher saß, gab eine Art gurgelnden Pfeifens von sich, mehr wie ein Vogel als wie ein Vierfüßler. Wenn ich ein Geräusch machte, hielten sie einen Augenblick lang inne. (I, 1, 73)

Von allen unseren ungezähmten Vierfüßlern ist uns wohl der Fuchs seit der Zeit des Äsop am bekanntesten und vertrautesten. Seine noch frischen Spuren verleihen dem winterlichen Spaziergang etwas Abwechslung. Ich trete in die Fährte des Fuchses, der vor einigen Stunden hier vorbeigeschnürt ist oder den ich vielleicht aufgescheucht habe, mit einer gespannten Erwartung, als wäre ich auf der Spur des Geists selbst, der im Walde haust, und müßte ihn bald in seinem Bau überraschen . . . An der Anordnung dieser Spuren erkenne ich, welchen Weg der Fuchsgeist eingeschlagen hat, auf welchen Horizont er zugegangen ist; und ob er sich langsam oder schnell bewegte, erkenne ich am größeren oder kleineren Abstand zwischen ihnen und dem Grad ihrer Deutlichkeit, denn noch der rascheste Schritt läßt eine bleibende Spur zurück. Manchmal sieht man die Fährten von vielen Füchsen, wo sie zusammen herumgetollt sind und hundert verschiedene Formationen gebildet haben . . .
Wenn ich einen Fuchs mit der Sorglosigkeit der Freiheit im Schnee über den Teich rennen sehe oder hin und wieder seinen Weg im Sonnenschein entlang einem Berggrat verfolge, überlasse ich ihm als ihrem wahren Besitzer Sonne und Erde. Er geht nicht in der Sonne, sondern sie scheint ihm zu folgen, und zwischen ihm und ihr besteht eine sichtbare Sympathie. Manchmal, wenn nur leichter, fünf bis sechs Zoll tiefer Schnee liegt, kann man die Jagd aufnehmen und ihn zu Fuß überholen. In einem solchen Fall wird er eine bemerkenswerte Geistesgegenwart an den Tag legen und nur die sicherste Richtung wählen, auch wenn er dadurch an Boden verliert. Trotz seiner Angst wird er keinen Schritt tun, der nicht schön ist. Er bewegt sich in einer Art Leopardentrab

vorwärts, als wäre er in keiner Weise durch den Schnee behindert und hielte die ganze Zeit mit seinen Kräften haus. Ist der Boden uneben, dann ist seine Bahn eine Folge anmutiger Kurven, die sich der Beschaffenheit des Geländes anschmiegen. Er rennt, als hätte er keine Knochen in seinem Rücken. Gelegentlich senkt er eine oder zwei Ruten lang seine Schnauze zu Boden, und dann wirft er seinen Kopf in die Höhe, wenn er sich von der Richtigkeit seines Wegs überzeugt hat. Wenn er an einen Abhang kommt, stellt er seine beiden Vorderläufe zusammen und rutscht, den Schnee vor sich herschiebend, rasch hinunter. Er tritt so sachte auf, daß er auch aus nächster Nähe kaum zu hören, und doch mit solchem Nachdruck, daß er auch aus einiger Entfernung nicht ganz unhörbar ist. (V, 1, 117)

Was war das für ein seltener, schöner Vogel in den dunklen Wäldern unter den Klippen, oben schwarz mit weißen Flecken und Bändern und mit einem großen, dreieckigen, blutroten Fleck auf der Brust, an der Unterseite aber weiß? Ein Trillern wie von der Goldamsel, aber leiser und süßer. Er war ganz zahm. Wahrscheinlich ein rotbrüstiger Kernbeißer. Erst dachte ich, es sei ein Chewink (Pipilo erythrophthalmus), als er neben mir saß, und ich wollte gerade Sophia rufen, ihn anzuschauen, aber dann wandte er seine Brust ganz gegen mich, und ich erblickte den großen dreieckigen blutroten Fleck, der die Brust fast ganz bedeckte . . . Es ist ein denkwürdiges Ereignis, auf solch einen seltenen Vogel zu stoßen. Vögel entsprechen den Blumen sowohl in ihrer Häufigkeit wie in ihrer Seltenheit. Einen seltenen und schönen Vogel anzutreffen, ist, als stieße man auf eine seltene und schöne Blume, die man vielleicht nie wieder finden wird, etwa eine große purpursäumige Orchis. Wie sehr steigert das die Wildheit und den Reichtum des Waldes! (III, 2, 125)

Ich höre den Schrei eines großen Falken, der mit seinen zerfetzten Schwingen vor dem hohen Wald segelt, wohl um seiner Beute Angst einzujagen und sie aufzuschrecken – schrill, hart, für Spatzen furchterregend. Der Schrei kommt aus einem gespaltenen und gekrümmten Schnabel, kraftvoll ausgespieen, mit einem wellenartigen Triller, der von den Schwingen oder der Flugbewegung herrühren mag. – Ich sehe seinen offenen Schnabel gegen den Himmel. Die zerfetzte Schwinge eines Falken wird wieder heil werden, die eines Dichters nicht. (III, 2, 146)

Der scharfe Pfiff der Schwarzdrossel hört sich an wie einzelne Funken oder wie ein Regen von Funken, die aus dem Sumpf vor dem winterlich dunklen Himmel in die Höhe schießen. (III, 1, 43)

Stelle einen ausgewachsenen, aber jungen Hahn neben dich. Wie ist er doch voller Leben, von der Spitze seines Schnabels über seine zitternden Kehllappen und seinen Kamm und sein helles Auge bis zu den Spitzen seiner Krallen! Wie wachsam und ruhelos er auf jeden Ton lauscht und jede Bewegung verfolgt! Wie verschieden seine Rufe: vom höchsten und schrillsten Alarmruf, wenn ein Falke über ihm kreist . . ., bis zu einem heiseren, erdhaften Schrei oder Gackern. Er hat ein Wort für jeden Anlaß: für den Hund, der vorbeirennt, und für die Henne, die in der Scheune gackert. Und wie er sich dann erhebt, mit seinen Flügeln schlägt, Antrieb und Luft gewinnt, und in jenen berühmten, die Ohren durchbohrenden Schrei ausbricht – nicht ein gemeiner Schrei der Herausforderung, sondern ein Übersprudeln des Lebens, wie das Platzen einer Blase in einem Weinglas. Gibt es einen Edelstein, der so hell ist wie sein Auge? (IV, 2, 52)

Heute abend sah ich das Pferd von X, das an der Sägemaschine arbeitet und jetzt am Straßenrand grast. Bei jedem

Schritt hebt es seine Hinterbeine krampfhaft vom Boden, als wäre die ganze Erde eine Tretmühle, die ständig unter ihm wegglitte, während es ihre konvexe Oberfläche besteigt. Es war schmerzlich, ihm zuzuschauen, aber es war symbolisch für die moralische Verfassung seines Herrn und aller Handwerker (artisans) im Gegensatz zu den Künstlern (artists), symbolisch für alle, die eine Routinearbeit verrichten, denn für sie ist die ganze Erde eine Tretmühle, und die Routine bringt mit der Zeit eine ebenso schmerzliche Verunstaltung mit sich. Das Pferd mag die Zeichen seiner Knechtschaft an den Muskeln seiner Beine tragen, der Mensch an seiner Stirn. (III, 2, 176)

Für mich haben die Bewegungen des Schlangengeschlechts eine besondere Anziehungskraft. Sie lassen unsere Hände und Füße, die Schwingen des Vogels, die Flossen des Fisches höchst überflüssig erscheinen, als hätte die Natur einfach einer ihrer Launen nachgegeben, als sie sie schuf. Die schwarze Schlange flüchtet in einen Busch, wenn sie verfolgt wird, und mit leichten und anmutigen Bewegungen gleitet sie in den dünnen, kahlen Zweigen fünf oder sechs Fuß über der Erde, wie ein Vogel von Zweig zu Zweig huscht, oder sie hängt wie eine Girlande zwischen den Gabelungen der Äste. Elastizität und Geschmeidigkeit in den einfacheren Formen des tierischen Lebens sind dem komplexen System von Gliedern in den höheren gleichwertig. Und wir brauchen nur weise und klug wie die Schlange zu sein, um ohne die gewohnte Hilfe von Hand und Fuß genauso schwierige Kunststücke zu vollbringen. (V, 1, 123)

Wandern in den Wäldern

Das Leben sieht in diesem Augenblick so schön aus wie das
Meer im Sommer . . ., wie eine persische Stadt oder hän-
gende Gärten in einiger Entfernung, so in Licht gebadet, so
ursprünglich, und nur reinen Gedanken zugänglich. Alle
Fahnen wehen und die Quasten fliegen, und Wimpel flattern
wie die eines Zelts. Darüber hängt der Himmel, eine niedrige
Decke, und scheint im leichten Wind zu wogen. Wie durch
ein Kristallglas blicke ich durch diese reine, unberührte
Stunde auf meine Zukunft wie auf einen glatten Rasen, auf
dem meine Tugend sich tummeln kann. Von ferne wirkt er so
anziehend wie der Sonnenschein auf den Wällen und Städten, über die sich das Leben sanft wie ein Schatten bewegt.
(III, 1, 12)

Um neun Uhr abends bei Vollmond in die Wälder . . . Ich
gehe durch das hohe Feld jenseits des einsamen Friedhofs;
ich sehe vor mir die Spur des Schlittens, den ein Knabe zog;
seine Fußstapfen leuchten wie Silber zwischen mir und dem
Mond. Und jetzt komme ich dorthin, wo sie in einer Senke in
einem Bohnenfeld gerodelt sind, und da sind unzählige
Schlittenspuren. Ich vergesse, daß die Sonne sie beschienen
hat, als sie sich hier tummelten; es ist, als hätte ich die Zone
ewigen Zwielichts betreten, und ihre Spiele scheinen jetzt
bedeutsamer, symbolisch, ernster. Denn was ein Mann
nachts im Freien tut, fordert mehr besonnene Energie, als das,
wozu ihn der Sonnenschein anspornt. Nachts ist er geistiger,
weniger tierisch und pflanzlich . . . Die Stille ist eindrücklicher
als jeglicher Laut. Der Mond, die Sterne, die Bäume, der
Schnee, der Sand, wenn er nackt zutage liegt – eine monu-
mentale Stille, deren Leere mit Gedanken erfüllt werden muß.
Sie zieht Gedanken aus dem Betrachter, wie die Leere unter
einem Schröpfglas ein Anschwellen bewirkt. (III, 1, 78)

Als ich eines Morgens sehr früh zu Fuß ungefähr zwanzig Meilen von hier in östlicher Richtung von Caleb Harrimans Wirtshaus in Hampstead auf Haverhill zuging, hörte ich, als ich die Eisenbahnlinie bei Plaistow erreicht hatte, in einiger Entfernung eine zarte Musik wie von einer Äolsharfe in der Luft. Ich vermutete gleich, daß sie von Telegraphendrähten ausging, die der gerade erwachende Morgenwind in Schwingungen versetzte, und als ich mein Ohr an einen der Pfosten hielt, bestätigte sich das. Es war die Telegraphenharfe, die ihre Botschaft durch das Land sang, eine Botschaft nicht von Menschen gesandt, sondern von Göttern. Vielleicht ertönt sie wie Memnons Statue nur am Morgen, wenn die ersten Strahlen der Sonne auf sie fallen. Sie war wie die erste Leier oder die erste Muschel, die man am Strand hört, diese vibrierende Saite hoch in der Luft über den irdischen Gestaden. So haben alle Dinge ihren höheren und niedrigeren Nutzen. Ich hörte schönere Nachrichten, als sie die Zeitungen jemals drucken. Die Harfe sprach von Dingen, die zu hören sich lohnte und die als Nachrichten zu überbringen des elektrischen Fluidums würdig war – Nachrichten nicht über den Preis von Baumwolle und Mehl; sie wies auf den Preis der Welt insgesamt hin und auf Dinge, die ohne Preis sind, auf absolut schöne und wahre. (I, 1, 185)

Ich war zu Fuß und allein an heiteren Sommertagen, in einem Rucksack ein paar Bücher für unterwegs und Wäsche zum Wechseln, einen Stab in der Hand, über die Berge gekommen, hatte am Wegrand Himbeeren gepflückt und gelegentlich in einem Farmhaus einen Laib Brot gekauft. An jenem Morgen hatte ich vom Hoosackberg, dort, wo ihn die Straße überquert, auf das drei Meilen entfernte Dorf North Adams im Tal zu meinen Füßen hinuntergeblickt. Ich sah, wie uneben die Erde mitunter sein kann, und wie ein Zufall wirkte es, daß sie jemals eben und den Füßen der Menschen bequem sein sollte. In diesem Dorf steckte ich etwas Reis und Zucker und eine Blechtasse in meinen Rucksack. Am Nachmittag begann ich mit der Besteigung des Berges, dessen Gipfel 3600 Fuß über dem Meeresspiegel und der in sieben oder acht Meilen Entfernung liegt. Mein Weg führte mich ein langes und weites Tal hinauf, das »Bellows« (Blasebalg) heißt, weil die Winde bei Unwettern ungestüm hinauf- und hinunterrasen, und das sich zwischen dem Hauptgebirge und einem niedrigeren Hügelzug bis zu den Wolken erstreckt. In verschiedenen Höhen lagen einige Farmen verstreut; jede hatte eine schöne Aussicht auf die Berge im Norden, und ein Bach floß das Tal hinunter. Nahe seiner Quelle befand sich eine Mühle. Das Tal sah aus wie eine Pilgerstraße für solche, die die Himmelstore erreichen wollen. Dann überquerte ich eine Wiese und dann auf einer kleinen Brücke einen Bach; die ganze Zeit stieg ich mit einer Art Scheu bergan, erfüllt von ungewissen Erwartungen, auf was für Einwohner und auf was für eine Natur ich schließlich stoßen würde. Jetzt schien es ein gewisser Vorteil, daß die Erde uneben war, denn man konnte sich keine erhabenere Lage für ein Farmhaus vorstellen, als dieses Tal sie in seiner ganzen Länge bot. (I, 1, 189)

Gestern nacht wehte ein starker Wind, von dem man uns später sagte, daß er anderswo heftiger gewesen sei, und daß er in den Kornfeldern nah und fern viel Schaden angerichtet habe: aber wir hörten ihn nur ab und zu seufzen, als sei es ihm verwehrt, die Verankerung unseres Zelts zu erschüttern; die Fichten murmelten; das Wasser kräuselte sich; das Zelt schwankte etwas, wir aber legten unsere Ohren nur enger an den Boden, während der Sturmwind weiter sauste, um andere Menschen zu erschrecken, und lang vor Sonnenaufgang waren wir bereit, unseren Weg in der gewohnten Weise fortzusetzen. (I, 1, 187)

Allmählich legte sich das Gemurmel aus dem Dorf, und wir schienen uns auf der sanften Strömung unsrer Träume eingeschifft zu haben und so lautlos aus der Gegenwart in die Zukunft zu treiben, wie man zu frischen Morgen- oder Abendgedanken erwacht. Lautlos glitten wir den Fluß hinab, verscheuchten gelegentlich einen Hecht oder einen Brassen aus ihren Schlupfwinkeln, und ab und zu segelte die kleine Rohrdommel auf trägen Flügeln aus ihrem Versteck am Ufer, oder die größere Rohrdommel erhob sich, wenn wir uns näherten, aus dem hohen Gras und trug ihre zierlichen Beine fort, um sie an einem sicheren Ort niederzulegen. Auch die Schildkröten ließen sich rasch ins Wasser fallen, als unser Boot die Oberfläche kräuselte und das Spiegelbild der Bäume zerbrach. Die Ufer hatten den Höhepunkt ihrer Schönheit überschritten, und einige der helleren Blumen kündeten durch ihre verblaßten Farben an, daß die Zeit sich dem Nachmittag des Jahres zuneigte. Aber diese fahle Färbung war uns angenehm, weil sie uns in der unvermindert anhaltenden Hitze an den bemoosten Rand eines kühlen Brunnens gemahnte. Die schmalblättrige Schwarzweide (Salix purshiana) lag in Massen hellgrünen Blattwerks auf der Wasseroberfläche, vermischt mit den großen Bällen des Knopfbaumes. Auf beiden Seiten erhob der kleine Knöterich sein Haupt stolz über das Wasser, und da er zu dieser Jahreszeit und an diesem Standort vor dichten Feldern der weißen Spielart blüht, die die Ufer des Flusses säumten, nahm sich der kleine Streifen von Rot sehr erlesen und kostbar aus. Die reinweißen Blüten des Pfeilkrauts standen an den seichteren Stellen, und einige Kardinalsblumen am Ufer spiegelten sich stolz im Wasser, wenn sie auch wie die Pontederia schon fast verblüht waren. Nahe dem Ufer wuchs das Schildkraut (Chelone glabra), während eine Art Wasserwundkraut, das sein schamloses Antlitz voll und geil der Sonne zuwandte, und eine hohe Blume von stumpfem Rot (Eupatorium pur-

pureum, Wasserdost) den zweiten Rang der Schlachtordnung am Fluß bildeten. Die hellblauen Blumen des Seifenkrauts waren hier und dort über die angrenzenden Wiesen verstreut wie Blumen, die Proserpina verloren hatte, und noch weiter in den Feldern und höher am Ufer wuchs die purpurne Gerardia und die Nestwurz, während von den entfernteren Rainen, an denen wir gelegentlich vorbeikamen, und von den Böschungen, auf denen die Sonne geweilt hatte, noch immer ein dunkelgelber Schein von den Reihen des Gänsefingerkrauts, das schon fast verblüht war, herüberleuchtete. Kurz, zu unserem Abschied schien sich die Natur mit einem Überfluß an Fransen und Locken geschmückt zu haben. Darein mischten sich die hellen Tönungen von im Wasser sich widerspiegelnden Blumen. Aber wir verpaßten die Königin der Flußblumen, die weiße Wasserlilie, da ihre Herrschaft für diese Jahreszeit bereits vorüber war. Wer, gemessen an dieser Wasseruhr im eigentlichen Sinne des Worts, so lange säumt, hat seine Reise wohl zu spät angetreten. Viele dieser Arten gedeihen auch in unseren Concord-Gewässern. Ich bin an einem Sommermorgen schon vor Sonnenaufgang zwischen Feldern von Lilien, die noch immer im Schlummer versunken waren, den Fluß hinuntergefahren, und wenn dann schließlich die Flocken des Sonnenlichts auf die Wasseroberfläche fielen, schienen sich beim Hinuntertreiben ganze Fluren von weißen Blüten vor mir zu öffnen, als entfaltete sich eine Fahne, so empfindlich ist diese Blume gegenüber den Sonnenstrahlen. (I, 1, 17)

In dieser Nacht gab es fast nichts, was auf menschliches Leben hätte schließen lassen, kein menschlicher Atem war zu hören, nur der Atem des Windes. Als wir zusammensaßen, hörten wir gelegentlich Füchse über die toten Blätter schnüren, die das tauige Gras bei unserem Zelt streiften, und einmal eine Bisamratte, die in den Kartoffeln und Melonen in unserem Boot herumstöberte, aber als wir zum Ufer eilten, konnten wir nur noch ein leichtes Kräuseln des Wassers wahrnehmen, das das Bild eines Sterns verschwimmen machte. Gelegentlich brachte uns das Zwitschern eines träumenden Spatzen oder der erstickte Schrei einer Eule eine Serenade dar, doch nach jedem Laut, der in unserer Nähe die Stille der Nacht brach, jedem Knistern von Zweigen und Blätterraschen trat eine plötzliche Pause ein, und wir Eindringlinge wurden uns einer tieferen Stille bewußt, und daß zu dieser Stunde nichts Lebendiges mehr etwas im Freien zu schaffen habe. In der Nähe von Lowell brannte es in dieser Nacht, und wir sahen den Horizont in Flammen stehen und hörten Alarmglocken in der Ferne, eine leise, klingelnde Musik, die zu diesen Wäldern getragen wurde. Aber der beständigste und denkwürdigste Laut einer Sommernacht, den wir später regelmäßig hören sollten, wenn auch nie so unablässig und deutlich wie jetzt, war das Gebell der Haushunde, vom lautesten und heisersten Bellen bis zum leichtesten Erzittern der Luft unterm Himmelsdach, von der geduldigen, aber besorgten Dogge bis zu den furchtsamen und immer wachen Terriern, erst laut und schnell, dann langsam und leise . . . Sogar in einer abgelegenen und unbesiedelten Gegend wie dieser war das ein die Nacht erfüllender Laut und eindrücklicher als jede Musik. Ich habe die Stimme eines Hundes über die Wälder und den Fluß hinweg fern am Horizont kurz vor Tageslicht gehört, und sie klang so süß und so melodisch wie ein Musikinstrument. Das Bellen eines Hundes, der einen Fuchs oder ein anderes Tier am Horizont verfolgt, hat vielleicht einst die Anregung für die Noten des Jagdhorns gegeben, das die Hunde ablöst, damit ihre Lungen sich ausruhen können. Dieser Naturlaut erklang in den Wäldern der alten Welt lange bevor das Horn erfunden war. Die Hunde, die in diesen Nächten auf den Bauernhöfen mißmutig den Mond anbellen, erwecken in unserer Brust mehr Heldenmut als all die friedlichen Aufrufe oder kriegerischen Predigten unseres Zeitalters . . . Die Nacht ist auch dankbar für den hellen Weckruf des Hahns, der, voll wachsamer Hoffnung, von Sonnenuntergang an vorzeitig den Morgen einläutet. All diese Töne, Hähnekrähen, Hundegebell, das Summen der Insekten am Mittag, beweisen, daß die Natur gesund und heil ist. (I, 1, 41)

Jahreszeiten

Juni, Monat des Grases und der Blätter. Schon zittern die Espen wieder, und ein neuer Sommer wird uns dargeboten. Ich bin ein bißchen erregt, als wäre es schon zu spät. Jede Jahreszeit ist nur ein verschwindend kleiner Punkt, kaum gekommen, ist sie schon wieder entschwunden. Sie hat keine Dauer. Sie gibt meinen Gedanken einfach eine Tönung, eine Färbung. Jede alljährlich wiederkehrende Erscheinung ist eine Erinnerung und ein Stichwort. Unsere Gedanken und unsere Gefühle antworten auf den Umschwung der Jahreszeiten wie zwei ineinandergreifende Zahnräder. Ein Jahr besteht aus einer gewissen Reihe und Anzahl von Gefühlen und Gedanken, die ihre Sprache in der Natur finden. Jetzt bin ich Eis, jetzt bin ich Sauerampfer. Jede Erfahrung reduziert sich auf eine Stimmung. Ich sehe zum Beispiel einen Mann einen Baum pfropfen. Das bedeutet in erster Linie nicht Äpfel für den Eigentümer und Brot für den Gärtner, sondern eine gewisse Stimmung, einen gewissen Gedankengang in meinem Kopf. (III, 2, 57)

Wieder geht die Sonne gleich einer farbigen Sommerblume rot unter; wie die weißen und gelben Frühlingsblumen der Rose weichen und bald der roten Lilie weichen werden, so ist die gelbe Frühlingssonne zur roten Sonne der Juni-Dürre geworden, rund und rot wie eine Hochsommerblume, das Kind sengender Hitze. (III, 2, 169)

Ein großartiger Sonnenuntergang nach dem Regen, mit waagrechten Wolkenbalken, roten Fensterrahmen für das westliche Fenster, Wolkenbänken, die wie Vorhänge aus Damast über dem Westfenster hängen. Zuerst ein niedriger Bogen von Sturmwolken, unter denen ein klarerer, schönerer, heitererer Himmel und entfernte Wolken zu sehen sind, und unter all dem am Rande des Horizonts massigere, dunklere Wolken, von Bergen nicht zu unterscheiden. Wie oft habe ich Sonnenuntergänge dieser Art schon gesehen, das großartigste Schauspiel der Natur. Vom Hügel aus sehe ich die Vögel vor dem roten Himmel fliegen, einer sieht wie eine Fledermaus aus. Und nun erblicke ich unter dem abendlichen Rot, getaucht in zartes rosa- und bernsteinfarbenes Licht, durch eine grandiose Schlucht hindurch eine Stadt, wie sie auf Bildern der spanischen Küste, vom Mittelmeer aus gesehen, erscheinen mag, die ewige Stadt des Westens, die Phantomstadt, deren Straßen kein Reisender je betreten hat, über deren Pflaster die Sonnenpferde bereits hinweggeeilt sind, ein Salamanca der Einbildungskraft. Aber es dauert nur einen Augenblick, denn jetzt hat das wechselnde Licht solche Veränderungen geschaffen, daß ich die Ähnlichkeit nicht mehr zu erkennen vermag. Ein weicherer Bernsteinhimmel als auf irgendeinem Bild. Die Schwalben erfreuen sich dieser kurzen Tage, sie zwitschern beim Fliegen, der Heidelbeer-Vogel wiederholt seine klingelnde Weise, und ich höre die Töne des Singsperlings, die aufrichtiger klingen als die meisten andern.– Ich bin immer wieder über die zentrale Position des Beobachters verblüfft. Er steht immer der Mitte des Bogens gegenüber und ahnt erst nicht, daß tausend Beobachter von tausend Bergen den Himmel bei Sonnenuntergang von gleichermaßen günstigen Stellungen aus betrachten. (III, 2, 362)

Kein Manöver, keine Militärparade, keine Feier mit ihren Tüchern und Fahnen kann in die Stadt auch nur den hundertsten Teil unserer alljährlichen Oktoberpracht bringen. Wir haben nur die Bäume zu pflanzen oder sie stehen zu lassen, und die Natur wird die farbigen Behänge finden, die Flaggen aller ihrer Nationen, deren geheime Signale kaum der Botaniker zu entziffern vermag, während wir unter dem Triumphbogen der Ulmen wandeln . . . Was für ein leuchtender Behang ist die Fahne des Geissblatts. Welcher patriotische Kaufmann, glaubst du, hat diesen Teil des Schauspiels beigesteuert? Es gibt keine schöneren Schindelverkleidungen und Anstriche als die Rebe, die gegenwärtig ganze Wände gewisser Häuser bedeckt. In meinen Augen ist der Efeu, der nie welkt, nicht damit zu vergleichen . . . Laßt uns also recht viele Ahorn- und Hickorybäume und rote Eichen haben, sage ich. Lodert nur zu! Soll die schmutzige Rolle Fahnentuch im Arsenal alles an Farbe sein, mit dem ein Dorf prunken kann? Ein Dorf ist nicht vollständig, wenn es nicht diese Bäume hat, um die Jahreszeiten zu markieren. Sie sind so wichtig wie die Dorfuhr. Ein Dorf, das sie nicht besitzt, wird nicht gut funktionieren. Eine Schraube sitzt locker; ein wichtiger Teil fehlt. Laßt uns Weiden für den Frühling haben, Ulmen für den Sommer, Ahorn und Nußbaum und Tupelobaum für den Herbst, Immergrün für den Winter und Eichen für alle Jahreszeiten. Was ist eine Galerie in einem Haus, verglichen mit einer Galerie in den Straßen, durch die jedermann, der zum Markt will, fährt, ob er will oder nicht? Es gibt doch keine Bildergalerie im Lande, die uns so viel wert wäre wie der Blick gen Westen bei Sonnenuntergang unter den Ulmen unserer Hauptstraße. Sie sind der Rahmen für das Bild, das täglich neu im Hintergrund gemalt wird. (V, 1, 275)

Im November sind alle Äpfel gut. Für den Spaziergänger sind die, welche die Farmer, wenn sie zum Markt gehen, als ungenießbar und unverkäuflich liegen lassen, die edelste Frucht. Es ist aber bemerkenswert, daß der wilde Apfel, den ich, wenn man ihn in den Feldern und Wäldern ißt, als so temperamentvoll und würzig schildere, oft einen bitteren und herben Geschmack hat, wenn man ihn nach Hause bringt. Den Apfel des Spaziergängers kann nicht einmal der Spaziergänger zu Hause essen. Hier weist der Gaumen ihn von sich, wie er auch die Mehlbeere und die Eichel von sich weist, und er verlangt einen gezüchteten Apfel; denn zu Hause hast du die Novemberluft nicht, die Sauce, mit der er gegessen werden muß. Wenn deshalb Tityrus, als die Schatten länger werden, Melibous einlädt, nach Hause zu gehen und mit ihm die Nacht zu verbringen, verspricht er ihm milde Äpfel und weiche Kastanien, *mitea poma, castanea molles.* (V, 1, 311)

Ich hörte die Glocke von Lincoln zur Kirche läuten. Zuerst dachte ich, es sei die Telegraphenharfe. Ein ferner Glockenton nimmt gleichsam von der Luft, durch die er eilt, ein gewisses vibrierendes Summen wie das einer Harfe an. Alle Musik ist schließlich Harfenmusik, als wäre die Luft voll von schwingenden Saiten. Es ist nicht der Glockenton an sich, der mich bezaubert, sondern das Summen in der Luft, so wie die blaue Tönung, die viel Licht oder große Entfernung den Dingen verleiht, das Auge erfreut – Bezauberung nicht durch die Dinge an sich, als vielmehr durch die mit einem blauen Schleier bekleideten Dinge. So neigt jeder Ton, den man aus großer Entfernung hört, dazu, die gleiche Musik hervorzubringen, die Saiten der großen Leier in Schwingung zu versetzen. Eine Melodie dringt zu mir, die die Luft gefiltert, die mit jedem Blatt und jeder Nadel der Wälder Zwiesprache gehalten hat. Es ist nicht einfach der Glockenklang, wie man ihn aus der Nähe hört – den kann ich auf diese Entfernung gut und deutlich unterscheiden –, sondern es sind seine vibrierenden Echos, der Teil des Klangs, den die Elemente aufnehmen und modulieren, ein Klang, der sehr stark verändert, gesiebt und verfeinert wurde, bevor er mein Ohr erreicht. Das Echo ist bis zu einem gewissen Grade ein unabhängiger Ton, und darin liegt seine Magie und seine Anziehungskraft. Es ist nicht einfach eine Wiederholung meiner Stimme, sondern in einem gewissen Sinn die Stimme des Waldes. (IV, 2, 97)

Ich unternehme diese Gänge nach allen Richtungen der Windrose, und für mich ist immer Erntezeit. Ich trage immer meine Beute aus diesen Wäldern und Feldern und Gewässern heim, und kein Mensch steht mir im Wege oder stört mich. Meine Ernte ist nicht die der anderen. Heute sehe ich, wie sie ihre Bohnen und ihr Korn einbringen, und das ist für mich sehenswert – aber sie sind bald aus meinem Gesichtskreis entschwunden. Ich gehe jeden Tag über Land, um das Beste zu sammeln, das ich finden kann und das bis zum letzten Novembertag niemand wegträgt. (IV, 2, 109)

Ich meine sogar die Gestalt des Winds unterscheiden zu können, wenn er über die Berge bläst und in breiten Flocken auf die Oberfläche des Teiches fällt . . . Mich kann das fröhliche Tun der Elemente nur anregen. Wer das Plätschern der Bäche hört, wird nie völlig an etwas verzweifeln. Der Wind dort drüben im Wald tönt wie ein unaufhörlicher Wasserfall, das Wasser klatscht und tost zwischen den Steinen. (IV, 2, 253)

Bäume und Blätter

Um den 25. September herum beginnt im allgemeinen der Rotahorn reif zu werden. Einige der größeren Bäume haben sich im Lauf einer Woche auffällig verändert, und einige allein stehende Bäume entfalten jetzt ihre größte Pracht. Ich mache einen kleinen aus, der eine halbe Meile entfernt auf einer Wiese steht und sich mit einem viel helleren Rot als dem der Blüten irgendeines Sommerbaums von dem grünen Wald abhebt.

Ich habe diesen Baum während mehrerer Herbste beobachtet, jedes Mal veränderte er sich früher als seine Genossen, so wie die Frucht des einen Baums früher reift als die eines anderen . . . Ich würde es bedauern, wenn er gefällt würde. Ich kenne zwei oder drei solche Bäume in unserer Gemeinde. Vielleicht könnte man von ihnen Schößlinge nehmen und früh sich entwickelnde oder Septemberbäume züchten, und man könnte ihre Samen auf dem Markt feilbieten wie Rettiche, wenn sie uns so wichtig wären wie diese.

Im gegenwärtigen Augenblick stehen diese brennenden Büsche vor allem an Wiesenrändern, oder ich nehme sie aus der Ferne hier und da an Abhängen wahr. Manchmal sieht man viele kleine Bäume in einem Sumpf. Sie sind ganz scharlachrot geworden, während alle anderen ringsherum noch immer völlig grün sind, wodurch jene um so heller wirken. Sie überraschen dich, wenn du so früh im Herbst über die Felder gehst, als wäre da ein fröhliches Lager von roten Männern oder Förstern, von deren Ankunft du noch nichts gehört hast. Sieht man einzeln stehende Bäume in ihrer ganzen Röte gegen andere, die noch grün oder die immergrün sind, sind sie denkwürdiger als ganze Haine es je sein werden. Wie schön, wenn ein ganzer Baum wie eine große scharlachfarbene Frucht voll reifer Säfte aussieht, jedes Blatt vom niedersten Ast bis zum höchsten Gipfel leuchtend, besonders wenn du ihn gegen die Sonne anschaust . . . (V, 1, 258)

Wenn ich am Tag nach dem großen Blätterfall zum Fluß gehe, dann finde ich mein Boot, seinen Boden und die Sitze über und über bedeckt mit Blättern der goldenen Weide, unter der es vertäut ist, und ich laufe aus mit einer Fracht, die unter meinen Füßen raschelt. Wenn ich es leere, wird es morgen wieder voll sein. Ich betrachte die Blätter nicht als Abfall, der hinauszufegen wäre, sondern ich nehme sie an als Stroh oder als Matten für den Boden meines Fahrzeugs. Fahre ich in die Mündung des Assabet ein, der von Wäldern umsäumt ist, dann schwimmen große Geschwader von Blättern auf seiner Oberfläche, als wollten sie aufs Meer hinaus und Raum für ihren Zickzackkurs haben. Aber gleich am Ufer etwas weiter oben sind sie dicker als Schaum und bedecken unter den Erlen, den Knopfbäumen und dem Ahorn das Wasser in der Breite von ein paar Fuß, noch immer ganz leicht und trocken, die Fasern noch immer straff, und an einer felsigen Biegung, wo der Morgenwind auf sie stößt und sie anhält, bilden sie manchmal einen breiten, dichten Halbmond, der über den ganzen Fluß reicht. Lenke ich den Bug meines Boots in diese Richtung, und berührt diesen Halbmond die Welle, die es verursacht – horch, was für ein angenehmes Rascheln dieser trockenen Massen, deren Wogen das Wasser unter ihnen ahnen läßt. (V, 1, 266)

Stehst du an der Nordseite eines Baumes und blickst gegen den Himmel, dann siehst du nur den weißen Geist des Baums ohne eine Spur von etwas Irdischem; wenn du aber um ihn herumgehst, dann kommt das dunkle Skelett in Sicht. Es ist etwas ganz anderes, ob du nach Norden oder nach Süden gehst. Die hängenden Birken entlang dem Waldrand sind märchenhafte Straußenfedern, und die Farbe der Stämme verstärkt die Illusion. Das Gewicht des Eises verleiht den Fichten die Formen, die Bäume im Norden, wie etwa Föhren, immer haben, und es verbiegt und verdreht die Äste, denn die Zweige und Kronen der Fichten verharren, wenn sie gefroren sind, wie der Wind sie festgehalten hat, und neue Teile des Stamms werden sichtbar. Wenn man sie von Norden betrachtet, ist an den Fichten nichts Grünes, und der ganze Charakter des Baums hat sich verändert. Die Weiden am Flußufer sehen wie Seggen in den Wiesen aus. Der Himmel ist bedeckt, ein feiner schneeartiger Hagel und Regen fällt, und diese geisterhaften Bäume schaffen eine Landschaft, die dich an Spitzbergen erinnert. Ich sehe jetzt die Schönheit des Damms bei der Brücke, wo die Erlen in die Straße hinein anschwellen, und über ihnen sind Weiden und Ahorn. Die zarten Gräser und die Büsche auf der Wiese wachsen den hängenden Weiden entgegen, und das Ganze macht einen undeutlichen, nebligen Eindruck. Durch all dies hindurch führt die Straße auf diese weißen, in Eis gekleideten Gespenster- und Märchenbäume zu, in das ferne Geister-land. Die Fichten sind so weiß wie ein Leintuch, mit Sticke-reien und weißen Kordeln und Säumen. (IV, 2, 86)

Selten sind die Tage, an denen die Telegraphenharfe sich zu einer reinen, klaren Weise erhebt. Der Wind kann stark oder schwach, in diese oder jene Richtung blasen, und du wirst nichts hören als ein leises Summen oder Murmeln, aber wenn dann ein kaum spürbarer Zephyr weht, wenn sich die richtigen Bedingungen, die nicht leicht zu erkennen sind, einstellen, dann wird es plötzlich, unerwartet, zu einer Melo-die, als hätte ein Gott die Harfe berührt. Glücklich der Spa-ziergänger, der sich in der Nähe befindet. So ist es auch mit den Leiern der Barden: Meist nur ein leises, kraftloses Sum-men, das von ihnen ausgeht und macht, daß du auf die Melodie wartest, die du noch nicht hörst. Legt sich der Sturm, treten die günstigen Bedingungen ein und findet das unbeschreibliche Zusammentreffen statt, dann ist die Musik da. (IV, 2, 284)

Die Murmeltier-Kappe

Ich ging heute auf der Straße an einem ganz kleinen Jungen vorbei, der eine selbstgemachte Kappe aus dem Fell eines Waldmurmeltiers trug, sein Vater oder sein ältester Bruder hatte das Tier getötet und das Fell gegerbt, und seine Mutter oder Schwester hatte eine hübsche kleine Kappe gefertigt. Mich interessierte dieser Anblick; er brachte so viel an Familiengeschichte mit sich – Abenteuer mit dem Murmeltier, Geschichten, die man sich nicht ohne Übertreibung von ihm erzählte; die Eltern, die Fürsorge für ihre Kinder in diesen harten Zeiten. Johnny war diese Kappe oft versprochen worden, und jetzt war sie fertig. Ein vollkommenes kleines Idyll, wie man so sagt. Die Kappe war groß und rund, groß genug, würde man meinen, für den Vater des Knaben, und eine Art Tuchvisier war daran angenäht. Die Oberseite der Kappe war offensichtlich der Rücken des Murmeltiers gewesen, etwas in die Breite gedehnt, in der Länge etwas zusammengezogen, und sie war so frisch und hübsch, als hätte das Murmeltier selbst sie getragen. Die langen Haare mit ihren grauen Spitzen waren alle noch vorhanden und standen über die braunen vor, nur ein wenig lockerer als beim lebenden Tier. Es war, als hätte der Knabe seinen Kopf in den Bauch des Murmeltiers gesteckt, nachdem er Schwanz und Beine abgeschnitten und anstelle des Kopfes ein Visier angebracht hatte. Der kleine Bursche trug seine Kappe recht unschuldig und wußte wahrlich nicht, was er auf seinem Kopf hatte. Er trippelte seinen kleinen Angelegenheiten nach, und als ich davon sprach, wie warm die Kappe sein müßte, funkelten seine schwarzen Augen unter ihr, genau wie es die des Murmeltiers getan hätten. So sollte die Geschichte jedes Kleidungsstücks sein, das wir tragen. (III, 1, 25)

Am späten Nachmittag stießen wir am Ufer auf einen Mann,
der, einen Hund an seiner Seite, mit einer langen Rute aus
Birkenholz fischte, an der noch die silberne Rinde war. Wir
ruderten so nahe zu ihm heran, daß unsere Riemen seine
Korken bewegten und das Glück für eine Weile vertrieben.
Als wir eine Meile pfeilgerade, unsere Gesichter ihm zuge-
wandt, gerudert waren, wobei die Blasen in unserem Kiel-
wasser auf der ruhigen Oberfläche noch sichtbar waren, da
standen der Fischer und sein Hund noch immer wie Statuen
da, das einzige, an das sich das Auge auf diesen ausgedehn-
ten Wiesen halten konnte, und so würde er stehen und auf
sein Glück warten, bis er am Abend mit seinem Fisch den
Weg nach Hause einschlüge. So lockt die Natur durch diesen
oder jenen Köder Einwohner in alle ihre Winkel. Dieser
Mann war der letzte unserer Mitbewohner, den wir sahen,
und wir trugen ihm schweigend Abschiedsgrüße an unsere
Freunde auf.
Die charakteristischen Züge und Beschäftigungen der verschiedenen Lebensalter und Rassen der Menschen existieren
immer in nuce in jeder Umgebung. Die Vergnügungen meiner frühesten Jugend haben andere Menschen geerbt. Dieser
Mann ist noch immer ein Fischer, und er gehört einem Zeitalter an, in dem ich selbst gelebt habe. Vielleicht haben ihn
nicht viele Kenntnisse verwirrt, und er hat sich nicht um
viele Erfindungen bemüht, aber er weiß, wie man Fische
fängt, bevor die Sonne untergeht, mit seiner dünnen Birken-
rute und seiner Schnur aus Flachs, und das ist für ihn Erfin-
dung genug. Es ist gut, im Sommer und im Winter so ein
Fischer zu sein. Einige Leute sind Richter und sitzen in diesen Augusttagen auf den Bänken, bis sich der Gerichtshof
vertagt, und sie sitzen dort und fällen auf ehrenhafte Weise
zwischen den Jahreszeiten und zwischen den Mahlzeiten

ihre Urteile, sie führen ein bürgerliches, politisches Leben ... Unterdessen steht der Fischer in drei Fuß Wasser unter derselben Sommersonne, entscheidet in anderen Fällen zwischen Wurm und Fliege mitten im Duft der Wasserlilien, der Minze und der Wasserhyazinthe, lebt sein Leben viele Ruten entfernt vom trockenen Land nahe dem Ort, wo die größeren Fische schwimmen. Das menschliche Leben ist für ihn ein Fluß, der immer ins Meer fließt ...

Ich kann mich gerade noch an einen alten Mann in einem braunen Kittel erinnern, der mit seinem Sohn von Newcastle in England gekommen war ... Ein aufrechter alter Mann war er, der seinen Weg schweigend durch die Wiesen nahm, und der die Zeit des Umgangs mit seinen Mitmenschen hinter sich gelassen hatte; sein alter Rock, der viel durchgemacht hatte, hing lange und gerade und braun wie Fichtenborke hinunter ... kein Kunstwerk, aber endlich wieder der Natur angeglichen. Ich entdeckte ihn oft unerwartet unter den Büschen und den grauen Weiden, wo er umherging und auf irgendeine alte ländliche Art fischte ..., voll von unmitteilbaren Gedanken, vielleicht über seinen heimatlichen Tyne-Fluß und Northumberland. Er war immer an heiteren Nachmittagen zu sehen, wie er am Fluß auf und ab ging ..., so viele sonnige Stunden im Leben eines alten Mannes, der einfältige Fische fing und fast zum vertrauten Diener der Sonne geworden war. Was brauchte er einen Hut oder ein Gewand, nachdem er seine Zeit bestanden und solch dürftige Verkleidungen durchschaut hatte? Ich habe gesehen, wie sein Schicksal ihn mit einem gelben Barsch belohnte, und doch schien mir, daß sein Glück seinen Jahren nicht entspreche, als er mit langsamem Schritt unter der Last alter Gedanken mit seinem Fisch unter dem niedrigen Dach eines Hauses am Dorfrand verschwand. Ich glaube, niemand sonst hat ihn gesehen, niemand sonst erinnert sich seiner, denn er starb bald darauf und wanderte zu neuen Tyne-Flüssen aus.

Sein Fischen war kein Sport, auch nicht einfach Lebensunterhalt, sondern eine Art feierlichen Sakraments, eines Rückzugs aus der Welt, so wie die Alten ihre Bibeln lesen. (I, 1, 20)

Minott ist vielleicht der poetischste Farmer, den ich kenne, derjenige, der für mich die Poesie des Landlebens am besten verkörpert. Nichts verrichtet er in Hast oder mit Plackerei, sondern alles so, als täte er es gern. Er holt das Beste aus seiner Arbeit heraus, und sie gewährt ihm in allen ihren Einzelheiten unendliche Befriedigung. Er sieht nicht dem Verkauf seiner Ernten entgegen; vielmehr findet er seinen Lohn in dieser andauernden Befriedigung. Er besitzt nicht so viel Land, daß es ihm lästig werden könnte, er hat nicht zuviel Arbeit, keinen Taglöhner oder Knecht, sondern er will einfach seine Freude haben und leben. Es liegt ihm nicht soviel daran, eine reiche Ernte einzubringen, als seine Arbeit gut zu verrichten. Er kennt jede Nadel und jeden Nagel in seiner Scheune. Wenn ein Teil ihres Bodens der Erneuerung bedarf, dann erlaubt er keinem Taglöhner, ihn dieses Vergnügens zu berauben, sondern er geht langsam in die Wälder und sucht gemächlich eine Weißtanne aus, fällt sie, befördert sie zur Sägemühle, und so kennt er die Geschichte seines Scheunenbodens. Die Landwirtschaft ist ein Vergnügen, das für ihn länger gedauert hat als Jagen oder Fischen. Er ist nie in Eile, seinen Garten zu bestellen, und doch ist dieser immer früh genug bepflanzt, und keiner im Ort ist so sauber gehalten. Er sagt immer eine Mißernte voraus, und ist doch mit dem, was er bekommt, zufrieden. Sein Scheunenboden ist mit Keilen aus Eichenholz befestigt, und er zieht sie den eisernen Bolzen vor, von denen er sagt, daß sie rosten und brechen. Er nimmt jede Kornähre in die Hand und freut sich an ihr wie ein Kind an seinem Spielzeug, und seine kleine Ernte reicht ihm lange Zeit. Er könnte wohl weinen, wenn er sie zu Markt zu tragen hätte. In seinem Boden sind keine Unkrautsamen mehr. Er liebt es, bei windigem Wetter im sumpfigen Gelände zu gehen und zu hören, wie der Wind in den Fichten seufzt. Beim Essen, in der Kleidung, in der Möblierung frönt er keinem Luxus; er ist aber nicht knauserig, er ist einfach schlicht. Wenn seine Schwester vor ihm stirbt, muß er vielleicht auf seine alten Tage ins Armenhaus, und doch ist er nicht arm, denn er braucht keine Reichtümer. Mit seinem ständigen Rheumatismus und seinen zitternden Händen scheint er sich doch ewiger Gesundheit zu erfreuen. (IV, 2, 62)

Bill Wheeler hatte zwei Klumpen als Füße, und er bewegte sich mit kurzen Schritten vorwärts, da, wie man mir sagte, seine Füße erfroren waren. Ich habe ihn mit Sicherheit einmal alle fünf Jahre angetroffen, wie er sich auf seinen Stummeln in die Stadt bewegte, auf der Mitte der Straße, als triebe er die unsichtbare Herde der Welt vor sich her . . . Aus welchen Landstrichen er kam, wo er Taglöhner gewesen war, in welcher abgelegenen Scheune er sich all diese Jahre aufgehalten hatte, erfuhr ich nie. Er schien einer anderen Kaste anzugehören als die übrigen Menschen, und er erinnerte mich sowohl an den indischen Paria wie auch an einen Märtyrer. Man sagte mir, jemand hätte sich gefunden, der ihm für die paar Arbeiten, die er zu verrichten vermochte, etwas zu trinken gab. Niemand sprach je von seiner Nahrung, so sehr hatte sich sein Leben vergeistigt. Vor nicht allzulanger Zeit stieß ich bei einem meiner Gänge auf eine Art Obdach, wie es die Holzfäller gebrauchen . . . Es bestand aus Heu, das über ein grobes Gestell geworfen worden war. Als ich meinen Kopf in eine Öffnung steckte, wie ich das in solchen Fällen zu tun pflege, fand ich Bill Wheeler auf dem Heu schlafend zusammengerollt. Als er plötzlich aus seinem tiefen Schlaf erwachte, rieb er seine Augen und fragte, ob ich Wild gesehen hätte. Er glaubte, ich sei unterwegs, um zu jagen. Ich verließ ihn, und ich habe viel über das Leben dieses Mannes nachgedacht: wie er mit niemandem Umgang pflog, wie er jetzt vielleicht für niemand arbeitete, wie einfach er vielleicht aus tiefer Überzeugung heraus lebte, daß er vielleicht ein mächtiger Philosoph sei, größer als Sokrates oder Diogenes, sein Leben vereinfache, zur Natur zurückkehre, den Städten seinen Rücken zuwende, wie viele Dinge er, mit seinen Gedanken ringend, von sich gewiesen haben mochte, Luxus, Bequemlichkeit, menschliche Gesellschaft, sogar seine Füße. Ich fühlte mich wie Diogenes, als er einen Knaben aus seinen Händen trinken sah und darauf seinen Becher fortwarf. Hier war einer, der seinen Weg allein ging, nicht arbeitete, soviel ich wußte keine Verwandten hatte und nicht von der guten Meinung seiner Mitmenschen abhing. Mußte er die Dinge nicht mit einem unparteiischeren Auge und ohne Anteilnahme betrachten, wie die Kröte den Gärtner beobachtet? Vielleicht ist hier ein Anhänger, der einzige, einer philosophischen Sekte, in Gedanken und Lebensweise so fern von seinen Mitmenschen, daß seine Weisheit in der Tat für sie Narrheit sein muß. Wer weiß, vielleicht gibt er sich auf seiner einsamen Schlafstelle aus Heu triumphierenden Satiren auf die Menschheit hin. Wer weiß, vielleicht findet sich hier eine unausgesprochene und unaussprechliche Überlegenheit über Literatur und dergleichen, ist hier einer, der sich dafür entschieden hat, sich selbst zu erniedrigen und zu kasteien, wie noch nie ein Mensch erniedrigt und kasteit worden ist, und den gerade seine lebhafte Wahrnehmungskraft, sein klares Wissen und seine Einsicht stumm gemacht haben, so daß kein Gefühl der Zusammengehörigkeit und kein Boden für ein Gespräch mit seinesgleichen übrigbleibt, und der Neuigkeiten erfährt, die offensichtlich nicht die meinigen oder deinigen sind. Einen Augenblick lang war ich nicht sicher, ob hier nicht ein Philosoph war, der die Philosophie Griechenlands und Indiens weit hinter sich gelassen hatte, und ich beneidete ihn um seinen überlegenen Standpunkt. Ich ließ mich natürlich durch ein paar dumme Worte und seinen anscheinenden Stumpfsinn nicht beirren. Es war seine Haltung und seine Laufbahn, die ich betrachtete.

C. hat eine große Hochachtung vor McKean . . . Er sagt nie etwas, beantwortet kaum je eine Frage, sondern hält sich an seine Arbeit; er übertreibt nie, tut nie einen Ausruf und führt aus, wozu er sich verpflichtet hat. Er scheint seine Schulter am Rad des Universums zu haben. Aber vor einigen Tagen kam er mir doch etwas entgegen, als er und Barry eine Fichte zersägten, wobei sie beide notwendigerweise knien mußten. Ich meinte, das sei doch eine nasse Arbeit, mit den Knien im Schnee. Er schaute zu mir auf und sagte: »Wir beten unablässig.«

Doch zurück zu Bill. Ich hätte gerne gewußt, was er vom Leben hielt. Nach einem oder zwei Monaten wurde er, wie ich hörte, unter dem Gebüsch auf der anderen Seite des Hügels tot aufgefunden. Er war so stark verwest, daß man den Sarg zu seiner Leiche hinaustragen und sie mit Heugabeln hineinschaufeln mußte. Ich habe noch immer meine Ahnungen, daß er den Tod eines Brahmanen gestorben sei, bis zuletzt bei den Wurzeln der Bäume wohnend, obgleich mir seither gesagt wurde, daß er an enttäuschter Liebe gelitten habe . . .

Gibt es für ein menschliches Wesen ein nobleres Leiden, einen schöneren Tod? Daß ihn das zum Trinken trieb, seine Füße erfrieren ließ – und alles andre! Warum sollte die Welt nicht aus seinem langen Martyrium Nutzen ziehen? (IV, 2, 184)

Indianer

Wenn ich durch die Felder von Concord gehe und über das Schicksal dieses erfolgreichen Sprößlings der angelsächsischen Familie nachdenke, die unerschöpften Energien dieses neuen Landes, dann vergesse ich, daß das, was jetzt Concord ist, einst Musketaquid war und daß auch die *amerikanische Rasse* ihr Schicksal gehabt hat. Überall in den Feldern, im Mais- und Getreideland, ist die Erde übersät mit Überbleibseln einer Rasse, die so vollständig verschwunden ist, als wäre sie in den Erdboden gestampft worden. Ist es nicht gut, der Ewigkeit hinter mir wie der Ewigkeit vor mir zu gedenken? Wohin ich immer gehe, trete ich in die Spuren des Indianers. Ich lese den Bolzen auf, den er gerade zu meinen Füßen hat fallen lassen. Und wenn ich über das Schicksal nachdenke, bin ich auf seiner Fährte. Ich zerstreue die Steine seiner Feuerstelle mit meinen Füßen, und aus der Asche seines Feuers hebe ich die einfachen, aber dauerhaften Geräte des Wigwams und der Jagd auf. Wenn ich meinen Mais in der gleichen Furche anpflanze, die ihn so lange genährt hat, dann entferne ich ein Andenken an ihn. Ich bin heute nachmittag über ein schönes, mit Winterroggen bepflanztes Feld gewandert in einer Landschaft, wo diese fremdartigen Menschen einst ihren Wohnsitz hatten. Eine andere Art von Sterblichen, aber für mich nur um ein weniges wilder als die Bisamratte, die sie jagten. Seltsame Geister, Dämonen, deren Augen nie in die meinen blickten, von anderer Natur, mit einem anderen Schicksal als dem meinigen. Die Krähen flogen über den Waldrand, und während sie über meinem Kopf kreisten, schienen sie mich zu rügen – schwarzgefiederte Geister, die dem Indianer näher stehen als ich. Vielleicht sind sie nichts weiter als Indianer in ihrer gegenwärtigen Verkleidung. Wenn das Neue eine Bedeutung hat, dann auch das Alte. (III, 1, 176)

Vor ein paar Wochen trug sich etwas Seltsames zu, das niederzuschreiben mir der Mühe wert scheint. John und ich hatten nach indianischen Überbleibseln gesucht; wir waren erfolgreich gewesen und hatten zwei Pfeilspitzen und einen Stössel gefunden, und nun schlenderten wir an einem Sonntagabend, unsere Köpfe voll von der Vergangenheit und ihren Zeugen, zur Mündung des Swamp-Bridge-Flusses. Als wir uns dem Kamm des Hügels näherten, der das Flußufer bildet, brach ich, begeistert von meinem Thema, in ein überschwengliches Lob der wilden Zeiten aus und machte zur Verdeutlichung die heftigsten Gebärden. »Dort auf Nawshawtuck«, sagte ich, »war ihre Hütte, der Treffpunkt des Stamms, und dort auf Clamshell Hill ihr Festplatz. Das war ohne Zweifel ihr Lieblingsaufenthalt, hier, auf diesem Gipfel, war ein sehr geeigneter Ausguck. Wie oft sind sie gerade an dieser Stelle gestanden, gerade zu dieser Stunde, wenn die Sonne hinter jenen Wäldern unterging und mit ihren letzten Strahlen das Wasser des Musketaquid vergoldete, und dachten über die Erfolge des Tages und die Aussichten für die nächsten Tage nach oder hielten Zwiesprache mit den Geistern ihrer Väter, die vor ihnen ins Schattenland gegangen waren. Hier«, rief ich aus, »hier stand Tahatowan, und dort« – um den Satz fertigzumachen –, »ist die Pfeilspitze von Tahatowan.« Wir setzten uns an der Stelle, auf die ich gedeutet hatte, und um meinen Scherz auf die Spitze zu treiben, legte ich, einer Laune gehorchend, einen gewöhnlichen Stein frei, als, siehe da, der erste, der mir in die Hand fiel und den ich zum Weitergraben verwenden wollte, sich als eine vollkommene Pfeilspitze erwies, so scharf, als sei sie gerade aus den Händen eines indianischen Handwerkers gekommen. (IV, 2, 173)

Ich bin mir noch nicht schlüssig, ob ich meine Erfahrungen bei der Suche nach Pfeilspitzen in drei Bänden mit Bildtafeln veröffentlichen oder ob ich versuchen soll, sie in einen Band zusammenzupressen. Diese dauerhaften Gegenstände scheint der indianische Handwerker erfunden zu haben, damit sie mir in einer späteren Zeit Vergnügen verschaffen. Nach all der Arbeit, die darauf verwendet worden war, ist der Bolzen vielleicht nur einmal abgeschossen worden, und der daran befestigte Schaft verfaulte, und da lag die Pfeilspitze und versank in den Boden und wartete auf mich. Sie sind mit gleicher Wahrscheinlichkeit auf allen Hügeln zu finden, und eines Tages wird der Bauer hierhergeschickt und er pflügt, verführt von der Aussicht auf Mais und Roggen, das Land um und kehrt sie nach oben. Soviel ich auch gefunden habe, die letzte, glaube ich, bereitete mir soviel Vergnügen wie die erste. Irgendwann einmal hat es sozusagen Pfeilspitzen geregnet, denn sie liegen auf der Oberfläche von ganz Amerika. Du hast vielleicht deinen besonderen Geschmack; gewisse Örtlichkeiten in deiner Stadt können dir wegen irgendeiner Assoziation reizlos und nicht zum Wohnen geeignet erscheinen; du bist vielleicht darüber erstaunt, daß das Land dort überhaupt einen Geldwert hat, und wirst einen armen Kerl bemitleiden, von dem es heißt, er überlebe in dieser Umgebung; aber pflüge dort ein neues Feld, und du wirst die allgegenwärtigen Pfeilspitzen drüber verstreut finden und es zeigt sich, daß der rote Mann mit anderem Geschmack und anderen Assoziationen auch dort gelebt hat . . . Die Pfeilspitzen wurden hauptsächlich verfertigt, um verloren zu gehen . . . Wie die Drachenzähne eine Ernte von Kriegern brachten, so bringen jene eine Ernte von Philosophen und Dichtern, und sie können wieder als Samen gepflanzt werden. Sie sind steinerne Früchte. Ich komme dem, der sie gemacht hat, näher, als wenn ich seine Knochen entdeckt hätte; sie würden vom Geist, der sie formte, nichts verraten, wie es diese Arbeit seiner Knochen tut. Ich finde in ihnen die Menschheit, dem Gesicht der Erde eingeschrieben und, sobald der Schnee verschwunden ist, offen vor meinen Augen liegend, nicht in einer Krypta, einem Grab oder einer Pyramide verborgen. Nicht eine ekelhafte Mumie, sondern ein reinlicher Stein, das beste Symbol, der beste Buchstabe, den man mir hätte übermitteln können. Die Unterschrift des roten Mannes! Bei jedem Schritt erblicke ich sie . . . Es ist nicht eine Inschrift auf einem besonderen Felsen, sondern ein Fußabdruck oder besser ein Geistabdruck, überall zurückgelassen und gänzlich unleserlich. Keine Vandalen, so vandalisch sie veranlagt sein mögen, brächten den Fleiß auf, sie zu zerstören . . . Es sind keine fossilen Gebeine, sondern sozusagen fossile Gedanken, die mich immer an den Geist mahnen, der sie geformt hat. Ich liebe die Gewissheit, in die Spuren menschlichen Wilds zu treten, dem Geist auf der Spur zu sein . . . Wenn ich diese Zeichen sehe, weiß ich, daß die subtilen Geister, die sie geschaffen haben, nicht weit weg sind, in welche Form sie auch immer verwandelt sein mögen . . . Die größeren Stössel oder Äxte können vielleicht brechen und selten werden, aber die Pfeilspitze wird wohl nie aufhören, ihre Bahn durch die Zeitalter bis in die Ewigkeit zu fliegen . . . Wenn ein vandalischer Häuptling das Britische Museum dem Erdboden gleichgemacht hat und wenn die geflügelten Stiere von Ninive die meisten, wenn nicht alle ihre Konturen verloren haben, dann finden sich die Pfeilspitzen aus dem Museum wieder zu Hause im vertrauten Staub und werden wieder von neuem in einem neuen Frühling auf der nackten Oberfläche der Erde glänzen, um zum tausendsten Mal vom Schäfer oder vom Wilden, der vielleicht dort wandert, aufgehoben zu werden und ihm noch einmal ihre Geschichte zu erzählen . . . Man kann nicht sagen, daß sie verloren und gefunden werden. Gewiss war ihr Zweck nicht so sehr, das Geschick eines Vogels oder Vierfüßlers oder Menschen zu besiegeln, als vielmehr, hier, nahe der Erdoberfläche, als eine ständige Erinnerung für kommende Geschlechter zu liegen. Was die Museen betrifft, so glaube ich, daß es besser ist, der Natur die Sorge um unsere Altertümer zu überlassen. Die Pfeilspitzen, das sind unsere Altertümer; sie sind reiner als der Plunder im Tower zu London und sie sind ältere Waffen als die, die sich dort finden. Ihre Unscheinbarkeit ist ein Vorteil und auch, daß sie nur dem Auge und dem Geist auffallen, die sich ihnen gerade zuwenden. Wenn du eine Pfeilspitze aufliest und sie in deine Tasche steckst, sagt sie vielleicht: »Du glaubst, daß du mich jetzt besitzest, nicht wahr? Aber ich werde schließlich in deine Tasche ein Loch reißen, oder wenn du mich in deinen Schrank legst, wird dein Erbe oder dein Urenkel mich vergessen oder mich einfach zum Fenster hinauswerfen. Wenn das Haus einstürzt, falle ich in den Keller hinunter, und dann werde ich ganz zu Hause sein, bereit, wiedergefunden zu werden. Vielleicht wird mich ein künftiger roter Mann wieder an einem Schaft befestigen und für einen Bogenschuß brauchen – was kümmert's mich?« (III, 1, 258)

In dieser Gegend hat der berühmte Sachem (Häuptling) Pasaconaway gelebt, den Gookin in Pawtucket sah, als er ungefähr hundertzwanzig Jahre alt war. Er hatte den Ruf eines weisen Mannes und eines Powwow (Medizinmann), und er hielt sein Volk vom Krieg mit den Engländern zurück. Man glaubte, daß er »das Wasser brennen, Felsen sich bewegen und Bäume tanzen machen und sich in einen feurigen Mann verwandeln könne, daß er im Winter ein grünes Blatt aus der Asche eines trockenen ziehen und aus der Haut einer toten Schlange eine lebendige machen könne und viele ähnliche Wunder«. Im Jahr 1616 hielt er, nach Gookin, bei einem großen Fest und Tanz seine Abschiedsrede an sein Volk, in der er sagte, daß er ihnen, da er sie wohl niemals wieder alle beisammen sehen werde, ein Wort des Rats hinterlassen wolle: Sie sollten sich hüten, mit ihren englischen Nachbarn zu zanken, denn obgleich sie ihnen zunächst einigen Schaden zufügen könnten, so würde das ihren eigenen Untergang herbeiführen. Er selbst, sagte er, sei wie kein Zweiter Feind der Engländer gewesen, als sie zuerst gekommen seien, und habe seine ganze Kunst darauf verwendet, sie zu vernichten oder mindestens zu verhüten, daß sie sich niederließen, doch vergeblich. Gookin glaubte, es sei vielleicht ein Geist über ihn gekommen wie über Bileam, der sagte: »Denn es ist kein Zauberer gegen Jakob und kein Wahrsager gegen Israel« (4. Mose 23, 23). Sein Sohn Wannalancet befolgte diesen Rat genau, und als Philips Krieg ausbrach, zog er sich mit seinen Anhängern vom Kriegsschauplatz nach Penacook, jetzt Concord in New Hampshire, zurück. Nach seiner Rückkehr suchte er den Pfarrer von Chelmsford auf, und er wollte, wie es in der Chronik dieser Stadt heißt, »wissen, ob Chelmsford im Krieg sehr gelitten habe, und nachdem ihm gesagt worden war, daß das nicht der Fall sei und daß man Gott dafür zu danken habe, antwortete Wannalancet: ›Und dann als nächstem mir!‹« (I, 1, 268)

Der Geist des Indianers scheint dem des weißen Mannes genau entgegengesetzt zu sein. Er ist mit einer anderen Seite der Natur vertraut. Er mißt sein Leben nach Wintern, nicht nach Sommern. Sein Jahr richtet sich nicht nach der Sonne, sondern besteht aus einer gewissen Anzahl von Monden, und seine Monde werden nicht in Tagen, sondern in Nächten gemessen. Er hat sich der dunklen Seite der Natur bemächtigt, der weiße Mann der hellen. (IV, 2, 148)

Ein Wörterbuch der Indianersprache enthüllt uns ein anderes und völlig neues Leben. Nimm das Wort Kanu und sieh, was für eine Geschichte es dir vom Leben im Freien erzählt mit den Namen all seiner Teile und all der verschiedenen Arten, es zu rudern, so wie unsere Wörter die verschiedenen

Teile einer Kutsche benennen, oder sieh das Wort Wigwam
an und wie nahe es dich der Erde bringt, oder das indianische Wort für Mais, das dir zeigt, welche Rasse damit am
innigsten vertraut war. Mir enthüllt diese Sprache ein Leben
innerhalb des Lebens, oder vielmehr eines außerhalb des
Lebens, das gleichsam die Wälder zwischen unseren Städten
durchmaß, und doch können wir nie auf seinen Spuren wandeln. Das irdische Leben des Indianers war von uns so weit
entfernt, wie es der Himmel ist. (III, 1, 69)

Zivilisation und Fortschritt

Der weiße Mann kommt bleich wie der Morgen mit seiner
Gedankenlast, mit seiner wie ein zusammengescharrtes Feuer
schlummernden Intelligenz; er weiß genau, was er weiß; er
rät nicht, sondern berechnet; stark in der Gemeinschaft, der
Obrigkeit gehorsam, aus einer vielerfahrenen Rasse, von
wundervollem gesundem Menschenverstand, dumpf aber fähig, langsam aber beharrlich, streng aber gerecht, mit wenig
Humor begabt, aber rechtschaffen, ein Arbeiter, der Sport
und Spiel verachtet, ein Haus baut, das dauert . . .
Er kauft die Mokassins und Körbe des Indianers, dann kauft
er dessen Jagdgründe, und schließlich vergißt er, wo dieser
begraben liegt, und sein Pflug wühlt die Gebeine an die
Oberfläche. Und vielleicht enthalten die Archive auf alten,
zerfetzten, abgenutzten, vom Wetter befleckten Chroniken
das Zeichen des indianischen Sachems, einen Pfeil oder einen
Biber, und die wenigen schicksalsschwangeren Worte, mit
denen er seine Jagdgründe weggab. Der Weiße kommt mit
einer Liste von alten sächsischen, normannischen und kelti-
schen Namen und verstreut sie dem Fluß entlang: Framing-
ham, Sudbury, Bedford, Carlisle, Billerica, Chelmsford. Und
das ist das neue Land der Angeln und dies sind die Sachsen

91

des neuen Westens, die der rote Mann nicht »angle-isch« oder englisch nennt, sondern »Yengeese«, und so kennt man sie schließlich als Yankees. (I, 1, 53)

Was für ein Beweis für die Höhe der Zivilisation oder für die Fähigkeit, aufzusteigen, ist es doch, daß Wilde wie unsere Indianer, die in ihren unaufhörlichen Kriegszügen aus dem Hinterhalt Männer, Frauen und Kinder ohne Gnade, aber mit dem größten Vergnügen hinschlachten, die daran Freude finden, sich gegenseitig zu verbrennen, zu quälen und zu verschlingen und die sich in dieser Hinsicht sogar unmenschlicher als Tiere zeigen, was für ein wunderbarer Beweis ist es doch, sage ich, für ihre Fähigkeit, sich höher zu entwickeln, daß sogar sie den feierlichsten Bündnis- oder Friedensvertrag schließen können, das Kriegsbeil begraben usw., und sich gegenseitig mit soviel Rücksichtnahme behandeln wie die aufgeklärtesten Völker. Man könnte sagen, daß sie ein Talent für Diplomatie wie auch für den Krieg haben. – Sieh dir die Irokesen an, die ihren Gefangenen folterten, ihn am Feuer langsam rösteten, seine Finger abbissen, während er noch lebte, und schließlich sein Herz aßen, wenn er tot war, die nicht die geringste Spur von Menschlichkeit zeigen – und beobachte einen Irokesen nun im Verhandlungssaal, wo er die Abgesandten feindlicher Nationen trifft, um mit ihnen Frieden zu schließen, und das mit so vollkommener Würde, mit solchem Anstand und solchem Sinn für Gerechtigkeit! Die Wilden sind uns zivilisierten Menschen im Schließen von Verträgen ebenbürtig, und ich fürchte, daß sie in ihren Kriegen nicht wesentlich schlimmer sind. (IV, 2, 67)

Wir reden davon, daß wir den Indianer zivilisieren, aber das ist nicht die richtige Bezeichnung für seinen Fortschritt. Dank seiner Vorsicht und Unabhängigkeit und der Zurückhaltung seines dunklen Waldlebens bewahrt er sich den Umgang mit seinen eingeborenen Göttern und hat immer wieder teil an einer eigenartigen Gemeinschaft mit der Natur. Er hat Ahnungen von strahlenden Erkenntnissen, die unseren Salons fremd sind. Das ständige Licht seines Geistes, undeutlich nur, weil weit entfernt, ist wie das schwache, doch zureichende Licht der Sterne, wenn man es mit dem blendenden, aber kurzlebigen Schein der Kerze vergleicht. Die Bewohner der Gesellschaftsinseln hatten ihre taggeborenen Götter, aber man hielt sie nicht für gleichaltrig mit den *atua fauau po*, den nachtgeborenen Göttern.

Zwar gibt es die unschuldigen Vergnügungen des Landlebens und es ist manchmal angenehm, die Erde ihre Ernten hervorbringen zu lassen und die Früchte der Jahreszeit einzuheimsen, aber der heroische Geist wird von weiter entfernten Zufluchtsorten und schrofferen Pfaden träumen. Er wird seine Gärten und Blumenbeete anderswo als auf Erden habens, und es ist manchmal angenehm, die Erde ihre Ernten halt sammeln, oder Früchte aus den Obstgärten pflücken, so unbekümmert wie die Beeren. Wir werden die Natur nicht immer besänftigen und zähmen, das Pferd und den Ochsen nicht nur abrichten, sondern manchmal auf dem wilden Pferd reiten und den Büffel jagen wollen.

Der Umgang des Indianers mit der Natur ist wenigstens so, daß er beiden die größte Unabhängigkeit sichert. Wenn er in der Natur so etwas wie ein Fremdling ist, dann steht ihr der Gärtner allzunahe. Es ist etwas Vulgäres und Verderbtes in der Nähe des Gärtners zu seiner Geliebten, etwas Edles und Reines in der Distanz des Indianers. (I, 1, 56)

Was für ein jämmerliches Geschäft ist der Pelzhandel, den nun so viele Jahre, so viele Generationen lang die berühmten Gesellschaften betrieben haben, die ein äußerst gewinnbringendes Monopol genießen und die einen Teil der Erdoberfläche beherrschen. Unermüdlich verfolgen sie die kleinen Tiere und stöbern sie mit Hilfe der faulenzenden Klasse auf, die sie durch Rum und Geld in Versuchung führen, damit sie ein kleines Mitgeschöpf seines Kleids berauben können, um ihr eigenes zu schmücken oder dicker zu machen, damit sie eine modische Bedeckung erhalten, in der sie ihre Köpfe verstekken, oder eine passende Robe, in der sie über ihre Mitmenschen zu Gericht sitzen können. Vom Standpunkt des Philosophen aus steht die Pelzjagd auf der gleichen Stufe wie das Lumpensammeln in den Straßen der Städte. Der Indianer führte ein achtbareres Leben, bevor er in Versuchung geriet, sich vom weißen Manne so tief demütigen zu lassen. Man denke daran, wieviel Bisamratten- und Wieselfelle die Hudson's Bay Company jährlich in ihren Schuppen anhäuft, und an die nackten roten Kadaver, die sie an den Flußufern in ganz Britisch-Amerika zurückläßt, und das ist vornehmlich das, was daraus ein *britisches* Amerika macht. Hier geht Großbritannien auf Mäusefang. Wenn wir Männer und Knaben ihre Zeit damit verbringen sehen, Bisamratten und Nerze zu schießen und für sie Fallen zu stellen, sinkt unsere Achtung vor ihnen, wenn sie nicht schon vorher gering war. Und doch läßt sich die Welt vom Ruhm der Hudson's Bay und der North West Fur Companies beeindrucken, die beide mehr oder weniger Partner im gleichen Geschäft sind und als Gehilfen Tausende von solch müßiggängerischen Männern und Knaben beschäftigen.

Auf der einen Seite ist die Hudson's Bay Company, auf der anderen die Gesellschaft jener Männer, die die Kloaken von

Paris von ihrem Ungeziefer reinigen. Es gibt gute Gründe dafür, daß man Ratten, die ein Haus verseuchen, vergiftet, aber wenn sie so weit entfernt sind wie Hudson's Bay, bin ich dafür, daß man sie besser läßt, wo sie sind . . . Die Bemühungen, dem Strom von Zeit zu Zeit durch Gesetze Einhalt zu gebieten, sind wichtig, weil sie zeigen, daß uns noch etwas Vernunft und Gewissen geblieben ist, aber ihr Erfolg ist geringfügig. (III, 1, 337)

Als ich eines abends Howitts Bericht über die australischen Goldgräber gelesen hatte, standen vor meinem geistigen Auge die ganze Nacht hindurch die zahlreichen Täler mit ihren Bächen, die von wüsten Gräben durchzogen waren, zehn bis hundert Fuß tief, ein halbes Dutzend Fuß im Durchmesser, so nahe aneinander wie nur möglich und halb mit Wasser angefüllt, die Orte, zu denen die Menschen wie rasend stürzen, um ihr Glück zu erproben, ungewiß, wo sie mit dem Graben beginnen sollen und ob sich nicht Gold unter dem Camp selbst befinde, Männer, die manchmal hundertsechzig Fuß graben, bis sie auf die Ader stoßen, oder sie dann um einen Fuß verfehlen, die sich in ihrem Durst nach Reichtum, die Rechte anderer nicht achtend, in Dämonen verwandelt haben, ganze Täler, die auf dreißig Meilen plötzlich von den Gruben der Goldgräber durchlöchert sind, so daß Hunderte von ihnen ertrinken, Männer, die bedeckt von Schmutz und Lehm im Wasser stehen, Tag und Nacht arbeiten und infolge der Kälte oder an einer Krankheit sterben. Nachdem ich das gelesen und teilweise wieder vergessen hatte, dachte ich an mein eigenes, unbefriedigendes Leben und daran, daß ich tat, was die anderen tun. Diese Vision der Goldgräber noch immer vor meinen Augen, fragte ich mich, warum nicht auch *ich* täglich etwas Gold, und sei es nur in feinsten Teilchen, herauswaschen, warum *ich* nicht einen Schacht zum Gold in mir senken und diese Mine schürfen könne . . . Auf jeden Fall könnte ich einen Weg verfolgen, so einsam und eng und winklig er auch sein möge, auf dem ich in Liebe und Ehrfurcht wandeln könnte. Wo immer ein Mann sich von der Menge trennt und seinen eigenen Weg nach seiner eigenen Laune einschlägt, ist in der Tat ein Scheideweg, wenn auch der gewöhnliche Reisende nur eine Lücke im Zaun erblicken wird . . . Die Menschen stürzen nach Kalifornien und Australien, als wäre das wahre Gold in dieser Richtung zu finden, aber das heißt gerade an den Ort gehen, der den äußersten Gegensatz zu dem bildet, wo es tatsächlich liegt. Sie schürfen weiter und weiter weg von der wirklichen Ader, und sie sind am unglücklichsten, wenn sie sich am erfolgreichsten wähnen. Ist nicht unser *eigener* Boden goldhaltig? Fließt nicht ein Bach von den goldenen Bergen durch unser eigenes Tal? Und hat er nicht in längeren Zeit-räumen, als es die geologischen Zeitalter sind, glänzende Teilchen mit sich gebracht und sie zu Goldklumpen geformt? Aber seltsam – wenn ein Goldgräber sich wegstiehlt, um in der unerforschten Einsamkeit um uns herum nach diesem wahren Gold zu suchen, besteht keine Gefahr, daß jemand ihn verfolgt und versucht, sich an seine Stelle zu setzen. Er kann sein ganzes Leben lang in Frieden das gesamte Tal, die bebauten wie die unbebauten Teile sein eigen nennen und sie ausbeuten, denn niemand wird ihm seinen Anspruch streitig machen. (II, 2, 465)

Der Anglo-Amerikaner kann in der Tat diesen ganzen wo-genden Wald roden und fällen . . ., aber er kann nicht mit dem Geist des Baumes, den er fällt, Zwiesprache halten; er kann die Dichtung und die Mythologie nicht lesen, die sich in dem Maße zurückziehen, in dem er sich vorwärtsbewegt. In seiner Unwissenheit löscht er die mythologischen Tafeln aus, um auf sie seine Flugblätter und die Ankündigungen von Gemeindeversammlungen zu drucken. Bevor er das

ABC der schönen, aber mystischen Sprache der Wildnis gelernt hat, die Spenser und Dante gerade zu lesen sich angeschickt haben, fällt er den Baum. (II, 1, 153)

Manchmal ruhten wir im Schatten eines Ahorns oder einer Weide und holten eine Melone zu unserer Erfrischung hervor, in Muße den Gang des Flusses und des menschlichen Lebens betrachtend, und wie diese Strömung mit ihren treibenden Zweigen und Blättern, so passierten alle Dinge vor uns Revue, während weit weg in Städten und auf Märkten an diesem selben Fluß der alte Betrieb noch immer weiterging. Es gibt in der Tat eine Flut in den menschlichen Geschäften, wie der Dichter sagt, und doch treiben die Dinge im Kreise, und die Ebbe gleicht die Flut immer wieder aus. Alle Flüsse sind nur Zuträger zum Ozean, der selber nicht strömt, und die Ufer bleiben in längeren Zeiträumen, als der Mensch sie messen kann, unverändert. Wohin wir auch gehen, entdecken wir unendlichen Wechsel nur in den Einzelheiten, nicht im Allgemeinen. Wenn ich in ein Museum gehe und die Mumien in ihre Bandagen eingewickelt sehe, dann merke ich, daß das Leben der Verbesserung bedürftig war, schon als sie auf dieser Erde wandelten. Ich trete auf die Straßen hinaus, und ich treffe Menschen an, die erklären, daß die Zeit für die Erlösung der menschlichen Rasse nahe herbeigekommen sei. Aber so wie die Menschen in Theben lebten, so leben sie heute in Dunstable. (I, 1, 128)

Mythologie – die Universalsprache

Ein Mann starb gestern nacht im Dorf nach einem Unfall an der Lincoln-Brücke. Die einzigen Worte, die er im Delirium äußerte, waren »all right«, wahrscheinlich auch die letzten, die er gesprochen hatte, bevor es ihn traf. Wackere, propheti-

sche Worte, um mit ihnen aus der Welt zu gehen. So gut wie
»noch lebe ich«. (IV, 2, 379)

Ein wirklich mythologischer Vorfall wird von einem Farmer
berichtet, dessen Fuß zwischen seinem Pflug und einem auf
der Waldlichtung gefallenen Baum festgeklemmt und ver-
letzt war, und der seine Ochsen zu sich heranzog, ihre Hör-
ner mit dem Blut beschmierte, das die Moskitos aus seinen
nackten Armen gesaugt hatten, die Zügel losschnitt und die
Tiere nach Hause schickte, um so seine Familie zu benach-
richtigen. (IV, 2, 323)

Witz und sogar Poesie war in der Antwort, die ein Neger
einem Mann gab, der ihn davon zu überzeugen suchte, daß
die Sklaven im Himmel nicht arbeiten müßten: »Geh mir
weg, Herr! Das weiß ich besser. Wenn es für die Farbigen da
droben keine Arbeit gibt, dann wird man welche für sie *machen*, und wenn es nichts Besseres zu tun gibt, werden sie die
Wolken umherschieben müssen. Mich kannst du nicht zum
Narren halten, Herr!« (IV, 2, 159)

Es ist interessant zu beobachten, mit welcher merkwürdigen
Einhelligkeit weit auseinanderliegende Nationen und Generationen darin übereinstimmen, daß sie einer alten Erzählung Vollständigkeit und Rundheit verleihen, deren Schönheit und Bedeutung sie nur undeutlich wahrnehmen. Kraft
einer schwachen, traumartigen Bemühung . . . wird die ein-
fallsloseste Nachkommenschaft einem Mythos langsam einen
neuen Zug beifügen; so, wenn die Astronomen den unlängst
entdeckten Planeten Neptun nennen, oder den Astroiden
Asträa, auf daß die Jungfrau, die am Ende des Goldenen
Zeitalters von der Erde in den Himmel vertrieben wurde,
einen deutlicheren Ort am Himmel zugewiesen erhalte; denn
noch das leiseste Anzeichen dichterischer Kraft ist von Be-

deutung. Durch eine solche langsame Anreicherung ist die Mythologie von Anfang an gewachsen. Die Kindermärchen unserer Generation waren schon die Kindermärchen der ersten Menschen. Sie wandern von Osten nach Westen und dann wieder von Westen nach Osten, bald erweitert zum »göttlichen Bericht« des Barden, bald zusammengeschrumpft auf einen Kinderreim. Das ist eine Annäherung an jene Universalsprache, die die Menschen umsonst gesucht haben. Diese liebevolle Wiederholung der ältesten Gebilde, in denen sich die Wahrheit ausdrückt, durch die späteren Nachkommen, die sich damit vergnügen, den alten Stoff mit leichter Hand andächtig zu retuschieren, ist der eindrücklichste Beweis für die Zusammengehörigkeit der Menschen.

Alle Nationen lieben die gleichen Scherze und Erzählungen, Juden, Christen, Mohammedaner, und übersetzt passen sie für alle. Alle Menschen sind Kinder einer Familie. Die gleiche Erzählung begleitet sie alle in den Schlaf und weckt sie am Morgen auf. Der Missionar Joseph Wolff verteilte Exemplare von »Robinson Crusoe« in arabischer Übersetzung unter die Araber, und sie erregten großes Aufsehen. »Robinson Crusoes Abenteuer und Weisheiten«, sagt er, »wurden von den Mohammedanern in den Märkten von Sanaa, Hodeyda und Loheya gelesen, bewundert und geglaubt.« Als sie das Buch lasen, riefen die Araber aus: »Oh, dieser Robinson Crusoe muß ein großer Prophet gewesen sein!«

Bis zu einem gewissen Grad ist die Mythologie nichts weiter als die älteste Historie oder Biographie. Weit davon entfernt, falsch oder im gewöhnlichen Sinn der Worte erdichtet zu sein, enthält sie nur dauernde und wesentliche Wahrheit, indem sie das Ich und Du, das Hier und Dort, das Jetzt und das Damals wegläßt. Sie wird entweder von der Zeit oder von seltener Weisheit verfaßt. Bevor das Drucken erfunden wurde, war ein Jahrhundert tausend Jahren gleich . . . In

wie wenig Worten hätten zum Beispiel die Griechen die Geschichte von Abälard und Heloïse erzählt; sie hätten daraus nur einen Satz für unser klassisches Wörterbuch gemacht, und dann hätten sie vielleicht die Namen an den Himmel geheftet, damit sie in einer Ecke des Firmaments leuchteten. Wir Moderne hingegen sammeln nur das Rohmaterial für Biographie und Geschichte, die ihrerseits nur Stoff für die Mythologie sind. Wie viele Foliobände hätten Leben und Taten des Prometheus gefüllt, wenn sie zufällig in die Tage des billigen Drucks gefallen wären? Wer weiß, welche Form die Fabel von Kolumbus annehmen wird, bis sie sich schließlich mit der von Jason und der Fahrt der Argonauten verquickt? Und Franklin – für ihn mag ein klassisches Wörterbuch der Zukunft eine Zeile übrig haben, die festhält, was dieser Halbgott tat und die ihm einen neuen Stammbaum gibt. »Sohn von – und –. Er half den Amerikanern ihre Unabhängigkeit gewinnen, er lehrte die Menschen das Wirtschaften, und er holte das Feuer aus den Wolken.«
Die verborgene Bedeutung dieser Erzählungen, die man manchmal zu entdecken glaubt, das Ethos, das der Dichtung und der Geschichte parallel läuft, sind nicht so bemerkenswert wie die Bereitwilligkeit, mit der sie sich dazu anbieten, verschiedene Wahrheiten auszudrücken, als wären sie Skelette noch älterer und allgemeinerer Wahrheiten als derer, in deren Fleisch und Blut sie vorübergehend gekleidet sind. Es ist so, wie wenn man sich bemüht, die Sonne oder den Wind oder das Meer zu Symbolen zu machen, die ausschließlich die besonderen Vorstellungen unserer Zeit ausdrücken sollen. Im Mythos benutzt eine übermenschliche Intelligenz die unbewußten Gedanken und Träume der Menschen als Hieroglyphen, um sich an die Ungeborenen zu wenden. In der Geschichte des menschlichen Geists gehen diese rötlich leuchtenden Fabeln den Mittagsgedanken der Menschen voraus wie Aurora den Strahlen der Sonne. Der Morgengeist

des Dichters, der dem grellen Glanz der Philosophie voraus-
eilt, weilt immer in dieser Atmosphäre der Morgenröte. (I, 1,
59)

Das Unbewußte des Menschen ist das Bewußtsein Gottes.
(I, 1, 351)

Zur Zeit lebe ich von gewissen wilden Düften, die die Natur
mir zuweht und die mich auf unverständliche Weise erhalten
und mein anscheinend armes Leben reich machen. Im Lauf
des letzten Jahrs sind meine Gänge länger geworden, und
fast jeden Nachmittag (am Morgen lese oder schreibe ich
oder mache Bleistifte, und mit diesen verdiene ich meinen
Lebensunterhalt) suche ich einen viele Meilen entfernten
neuen Hügel oder Teich oder Wald auf. Ich bin erstaunt über
die wundervolle Abgeschiedenheit, in der ich mich bewege,
ich treffe bei diesen Wanderungen selten einen Menschen,
ich sehe nie einen, der das gleiche täte wie ich, ausgenommen
mein Gefährte, sofern ich einen habe. Ich habe das Gefühl,
daß von allen menschlichen Bewohnern der Natur in dieser
Gegend nur wir zwei die Muße haben, unser Erbteil zu be-
wundern und zu genießen.
»Frei in dieser Welt wie die Vögel in der Luft, jeglicher Art
von Ketten ledig, ernten die, die Yoga geübt haben, die si-
chere Frucht ihrer Handlungen in Brahma.«
Verlaß dich drauf, so unwirsch und unsorgfältig ich bin, ich
würde das Yoga getreulich üben. »Der Yogi in seiner Versen-
kung trägt auf seine Weise zur Schöpfung bei: er atmet göttlichen Duft, er hört wunderbare Dinge. Göttliche Gestalten
gehen durch ihn hindurch, ohne ihn zu zerreißen, und vereint mit der Natur, die die ihm angemessene ist, geht er,
handelt er und beseelt den Urstoff.«
In einem gewissen Sinn, und in langen Abständen, bin sogar
ich ein Yogi. (V, 2, 174)

Wenn ich mein Haus verlasse, um meinen Gang zu tun, noch ungewiß, wohin ich meine Schritte wenden werde, und es meinem Instinkt überlasse, die Entscheidung für mich zu treffen, dann finde ich, so seltsam und schrullig es scheinen mag, daß ich mich schließlich und unvermeidlich für den Südwesten entschließe, für ein bestimmtes Gehölz oder eine Wiese oder einen Hügel in dieser Richtung. Meine Nadel braucht zwar lange, bis sie sich festlegt, sie variiert um ein paar Grade, und sie zeigt nicht immer genau nach Südwesten. Für diese Abweichung hat sie gute Gründe, aber sie stellt sich immer zwischen West und Südsüdwest ein. Für mich liegt in dieser Richtung die Zukunft, und die Erde scheint dort weniger erschöpft und reicher.

Die Kurve, die meine Gänge begrenzt, wäre nicht ein Kreis, sondern eine Parabel, oder vielmehr eine jener Kometenbahnen, von denen angenommen wird, daß sie nicht zurückkehren, in diesem Fall offen nach Westen, und mein Haus nimmt den Platz der Sonne ein. Manchmal irre ich unentschlossen eine Viertelstunde lang hin und her, bis ich mich für den Südwesten oder den Westen entscheide. Nach Osten gehe ich nur, wenn ich gezwungen werde, nach Westen gehe ich frei. Dorthin führen mich keine Geschäfte. Es fällt mir schwer zu glauben, daß ich hinter dem Osthorizont schöne Landschaften und Wildnis und Freiheit in genügendem Maß finde. Die Aussicht auf einen Gang in dieser Richtung erregt mich nicht; dagegen glaube ich, daß der Wald, den ich am westlichen Horizont sehe, sich ohne Unterbrechung bis zur untergehenden Sonne erstreckt und daß sich in ihm keine Dörfer und Städte befinden, die bedeutend genug wären, mich zu stören. Laßt mich leben, wo ich will, auf dieser Seite ist die Stadt, auf jener die Wildnis, und ich verlasse die Stadt mehr und mehr und ziehe mich in die Wildnis zurück. Ich würde diese Tatsache nicht so betonen, glaubte ich nicht, daß die vorherrschende Neigung meiner Landsleute eine ähnliche ist. Ich muß gegen Oregon wandern, nicht gegen Europa. Und in dieser Richtung bewegt sich die Nation, und ich möchte sagen, daß die Menschheit von Ost nach West fortschreitet. Vor ein paar Jahren waren wir bei der Besiedlung Australiens Zeugen des Phänomens einer südöstlichen Wanderung, aber das fassen wir als eine rückläufige Bewegung auf, und wenn man aufgrund des moralischen und physischen Charakters der ersten Generation von Australiern sich ein Urteil bilden kann, hat sich das noch nicht als erfolgreiches Experiment erwiesen. Die Osttataren glauben, daß es westlich von Tibet nichts mehr gebe. »Die Welt geht dort zu Ende«, sagen sie, »jenseits ist nichts als das uferlose Meer.« Wo sie leben, ist der reine Osten.

Wir gehen ostwärts, um unserer Geschichte innezuwerden und um die Werke der Kunst und der Literatur zu studieren, und so wiederholen wir die Schritte des Menschengeschlechts; nach Westen gehen wir wie in die Zukunft, mit wagemutigem und abenteuerdurstigem Geist. Der Atlantik ist ein Gewässer der Lethe, und indem wir ihn überquerten, hatten wir die Möglichkeit, die Alte Welt und ihre Einrichtungen zu vergessen. Wenn wir dieses Mal erfolglos bleiben, dann gibt es vielleicht für das Menschengeschlecht noch eine Chance, bevor es die Gestade des Styx erreicht, und das ist die Lethe des Pazifik, der dreimal so breit ist.

Ich weiß nicht, wie bedeutsam es ist oder wieweit es auf eine besondere Veranlagung schließen läßt, wenn ein Einzelner auf diese Weise in seinem geringfügigen Gang mit der allgemeinen Bewegung des Menschengeschlechts übereinstimmt, aber ich weiß, daß etwas, das dem Wandertrieb der Vögel und der Vierfüßler ähnlich ist (man kennt einige Fälle, in denen er die Eichhörnchen befallen hat, wobei man sie, wie einige berichten, die breitesten Flüsse überqueren sah, jedes auf einem Stück Holz, ihre Schwänze wie Segel aufgerichtet und weniger breite Flüsse mit ihren Toten überbrückend), daß etwas wie der Furor, der das Vieh im Frühling befällt, und den man auf Würmer im Schwanz zurückführt, sowohl Nationen wie Einzelmenschen ergreift . . .

Jeder Sonnenuntergang, den ich betrachte, erfüllt mich mit dem Wunsch, nach einem Westen zu ziehen, der so weit entfernt und so schön ist wie der, in dem die Sonne untergeht. Sie scheint täglich nach Westen zu wandern und lockt uns, ihr zu folgen. Sie ist der große westliche Pionier, dem die Nationen folgen. Wir träumen die ganze Nacht von diesen Bergzügen am Horizont, die zuletzt von ihren Strahlen vergoldet waren, auch wenn sie nur aus Dunst bestehen mögen. Die Insel Atlantis und die Inseln und Gärten der Hesperiden, eine Art irdischen Paradieses, waren anscheinend der Große Westen der Alten, eingehüllt in Geheimnis und Dichtung. Wer hat nicht in seiner Phantasie am Abendhimmel die Gärten der Hesperiden und den Ursprung all dieser Fabeln geschaut?

Kolumbus fühlte diesen Drang nach Westen stärker als irgend jemand zuvor. Er gehorchte ihm und fand für Kastilien und Leon eine Neue Welt. In jenen Tagen witterte die Menschenherde von ferne frische Weiden.

Wo auf dem Erdball ist eine Fläche zu finden gleich groß wie die, die unsere Staaten einnehmen, so fruchtbar und so vielfältig in ihren Erzeugnissen und zugleich für Europäer bewohnbar? Michaux, der nur einen Teil davon kannte, sagt, daß »die Arten der großen Bäume in Nordamerika viel zahlreicher sind als in Europa; in den Vereinigten Staaten gibt es mehr als hundertvierzig Spezies, die höher als dreißig Fuß werden; in Frankreich gibt es nur dreißig, die diese Höhe erreichen«. Spätere Botaniker haben seine Beobachtungen erhärtet. Humboldt kam nach Amerika, um seine jugendlichen Träume von tropischer Vegetation zu erfüllen, und er erblickte diese in ihrer größten Vollkommenheit in den Urwäldern des Amazonas, der gigantischsten Wildnis der Erde, die er so beredt beschrieben hat. Der Geograph Guyot, selbst ein Europäer, geht noch weiter, weiter als ich ihm zu folgen bereit bin, außer wenn er sagt: »Wie die Pflanze für das Tier, wie die Welt der Vegetation für die des Tiers gemacht ist, so ist Amerika für den Menschen der Alten Welt gemacht . . . Der Mensch der Alten Welt macht sich auf seinen Weg. Er verläßt die asiatischen Hochländer, und er steigt Stufe um Stufe nach Europa hinunter. Jeder dieser Schritte ist durch eine neue Zivilisation gekennzeichnet, die der vorhergehenden, weil schöpfungskräftiger, überlegen ist. Am Atlantik angekommen, hält er am Gestade dieses unbekannten Ozeans inne, dessen Grenzen er nicht kennt, und geht einen Augenblick in seinen Fußstapfen zurück. Wenn er den reichen Boden Europas erschöpft und sich neu gekräftigt hat, dann beginnt wie in den frühesten Zeiten aufs neue sein abenteuerlicher Weg nach Westen.« Soweit Guyot.

Aus diesem westlichen Impuls, der auf die Schranke des Atlantik stieß, entwickelte sich der Handel und der Unternehmungsgeist der modernen Zeit. Der jüngere Michaux schreibt in seinen »Travels West of the Alleghanies in 1802«, die übliche Frage im neu besiedelten Westen habe gelautet: »›Aus welchem Teil der Welt bist du gekommen?‹, als seien diese weiten und fruchtbaren Landstriche der natürliche Treffpunkt und das gemeinsame Land aller Bewohner des Globus.«

Um ein abgegriffenes lateinisches Wort zu gebrauchen, möchte ich sagen: »Ex oriente lux, ex occidente frux.« Aus dem Osten das Licht, aus dem Westen die Frucht.

Sir Francis Head, ein englischer Reisender und Generalgouverneur von Kanada, schreibt: »Sowohl in der nördlichen wie in der südlichen Hemisphäre der Neuen Welt hat die Natur ihre Schöpfungen nicht nur in größerem Maßstab an-

gelegt, sondern hat das ganze Bild mit leuchtenderen und
kostbareren Farben gemalt als denen, die sie zur Zeichnung
und Ausschmückung der Alten Welt verwendete . . . Der
Himmel Amerikas scheint unendlich höher, das Firmament
ist blauer, die Luft frischer, die Kälte schärfer, der Mond
sieht größer aus, die Sterne sind heller, der Donner ist lauter,
der Blitz greller, der Wind stärker, der Regen schwerer, die
Berge sind höher, die Flüsse länger, die Wälder größer, die
Ebenen weiter . . .«
Linnaeus sagte vor langer Zeit: »Nescio quae facies laeta,
glabra plantis Americanis.« (Ich weiß nicht, was am Aussehen der amerikanischen Pflanzen so fröhlich und so angenehm ist.) Ich glaube, daß es in diesem Land keine oder doch
nur sehr wenige *Africanae bestiae,* afrikanische Raubtiere, gibt,
wie die Römer sie nannten, und daß es auch in dieser Hinsicht als Wohnstätte für den Menschen besonders geeignet
ist. Man sagt uns, daß im Umkreis von drei Meilen vom
Mittelpunkt der ostindischen Stadt Singapur jedes Jahr
einige der Einwohner von Tigern weggeschleppt werden,
aber in Nordamerika kann der Reisende sich fast überall in
den Wäldern niederlegen, ohne wilde Tiere fürchten zu
müssen.
Das sind ermutigende Zeugnisse. Wenn der Mond hier größer aussieht als in Europa, dann sieht die Sonne wohl ebenfalls größer aus. Wenn der Himmel Amerikas unendlich viel
höher erscheint und die Sterne heller, dann glaube ich zuver-
sichtlich, daß diese Tatsachen für den Stand, zu dem sich
Philosophie und Dichtung und Religion der Amerikaner eines Tages aufschwingen werden, symbolisch sind. Schließlich wird vielleicht der unstoffliche Himmel dem amerikanischen Geist ebenso höher erscheinen und die Ahnungen, die
ihn bestirnen, ebenso heller.
Denn ich glaube, daß sich das Klima so auf den Menschen
auswirkt, wie es etwas in der Bergluft gibt, das den Geist

nährt und beseelt. Wird der Mensch nicht unter solchen Einflüssen intellektuell wie auch körperlich zu größerer Vollkommenheit heranwachsen? Ist es denn unwichtig, wie viele Nebeltage in seinem Leben sind? Ich vertraue darauf, daß wir einbildungskräftiger, daß unsere Gedanken klarer, frischer und ätherischer sein werden, wie unser Himmel, unser Verständnis umfassender und breiter, wie unsere Ebenen – unser Intellekt ganz allgemein größer bemessen, wie unser Donner und unser Blitz, unsere Flüsse und unsere Berge und Wälder – und daß unsere Herzen in Breite und Tiefe und Erhabenheit unseren Seen entsprechen werden. Vielleicht wird der Reisende sogar in unseren Gesichtern etwas entdecken, er weiß nicht was, etwas von *laeta* und *glabra*, von Freude und Heiterkeit. Zu welchem Zweck geht die Welt sonst weiter und warum wurde Amerika entdeckt?

Den Amerikanern brauche ich kaum zu sagen: »Der Stern der Herrschaft nimmt seinen Weg nach Westen.« Als ein wahrer Patriot würde ich mich schämen zu glauben, daß Adam im Paradies im ganzen besser gestellt war als der Hinterwäldler in diesem Land.

Wir in Massachusetts beschränken unsere Sympathien nicht auf Neu-England; obgleich wir dem Süden entfremdet sein mögen, gilt unsere Sympathie dem Westen. Dort ist die Heimat der jüngeren Söhne, die bei den Skandinaviern das Meer als Erbteil übernahmen. Es ist zu spät, um Hebräisch zu lernen; es ist wichtiger, die Sprache von heute und sogar noch den Slang zu verstehen.

Vor einigen Monaten besuchte ich ein Panorama des Rheins. Es war wie ein Traum vom Mittelalter. Ich schwamm den historischen Strom hinunter, und das war nicht *nur* Einbildung, unter Brücken, die die Römer gebaut und die spätere Helden instandgesetzt hatten, an Städten und Burgen vorbei, deren bloße Namen meinen Ohren Musik waren und Gegenstand von Legenden. Da waren Ehrenbreitstein und

Rolandseck und Koblenz, die ich nur aus der Geschichte kannte. Es waren die Ruinen, die mich hauptsächlich interessierten. Aus den Wassern und den mit Reben bedeckten Hügeln und den Tälern schien eine gedämpfte Musik aufzusteigen wie von Kreuzfahrern, die ins Heilige Land ziehen. Ich schwamm wie verzaubert, als sei ich in ein heroisches Zeitalter zurückversetzt worden, und atmete die Luft des Rittertums.

Bald darauf besuchte ich ein Panorama des Mississippi, und wie ich im Lichte von heute meinen Weg stromaufwärts nahm und die Dampfer Holz an Bord laden sah, die aufstrebenden Städte zählte, die noch neuen Ruinen von Nauvoo betrachtete, die Indianer westwärts über den Strom ziehen sah und jetzt, wie zuvor auf die Mosel, auf den Ohio und den Missouri blickte, und die Legenden von Dubuque und Wenonas Cliff hörte, immer mehr an die Zukunft als an die Vergangenheit denkend, da erkannte ich, daß dies ein Rheinstrom anderer Art war, daß die Fundamente der Burgen neu gelegt werden mußten und daß die berühmten Brücken noch über den Fluß zu bauen waren, und ich hatte das Gefühl, daß dies das eigentliche heroische Zeitalter sei, obgleich wir es nicht als solches erkannt haben . . .

Der Westen, den ich meine, ist nur eine andre Bezeichnung für die Wildnis, und worauf ich hinaus will, ist, daß in der Wildnis die Rettung der Welt liegt. Jeder Baum schickt seine Wurzelfasern auf die Suche nach der Wildnis. Die Städte importieren sie zu jedem Preis. Die Menschen pflügen und segeln für sie. Aus dem Wald und der Wildnis kommen die Elixiere und Rinden, die die Menschen stärken. Unsere Vorfahren waren Wilde. Daß Romulus und Remus von einer Wölfin gesäugt wurden, ist keine sinnlose Fabel. Die Gründer jedes Staats, der zu Bedeutung emporgestiegen ist, haben ihre Nahrung und ihre Kraft aus dem gleichen wilden Quell gezogen. Weil die Kinder des römischen Reiches nicht von der Wölfin gesäugt worden waren, wurden sie besiegt und von den Kindern nördlicher Wälder verdrängt, die es waren. Ich glaube an den Wald und an die Wiesen und an die Nacht, in der das Korn wächst. (V, 1, 217)

Bücher

Würden die Menschen vernichtet, und würden die Bücher, die sie geschrieben haben, einer neuen Rasse übermittelt, einer neuen Welt – welche Aufzeichnung fände sich in ihnen über eine so bemerkenswerte Erscheinung wie die des Regenbogens? (III, 1, 131)

Der Dichter wird trotz seiner Fehler und trotz seiner Schönheiten Volkstümlichkeit erringen; er wird den Nagel auf den Kopf treffen, und die Form des Hammers werden wir nicht kennen. Er lädt uns ein zu seinem Herd und seinem Herzen, und das ist mehr als die Ehrenbürgerschaft einer Stadt. (I, 1, 362)

Ich lese nie Romane; sie enthalten so wenig wirkliches Leben und Denken. Die Lektüre, die ich am meisten liebe, ist die der heiligen Schriften verschiedener Nationen, wobei es sich so ergeben hat, daß ich die der Hindus, der Chinesen und der Perser besser kenne als die der Hebräer, auf die ich zuletzt gestoßen bin. Gib mir eine dieser Bibeln, und ich werde für eine Weile still sein . . .
Wenn ich die Hymnen des Rigveda in Wilsons Übersetzung lese, die zum größten Teil aus einfachen Bezeichnungen bestehen, die dem Himmel, der Morgenröte, den Winden beigelegt werden, die mehr oder weniger bedeuten, je nachdem, ob der Leser mehr oder weniger wach und phantasiebegabt ist, und wenn ich sehe, wie sehr die verschiedenen Überset-

zer voneinander abweichen, die ja nicht die Dichtung, sondern Geschichte und Philologie im Auge und mit sehr gedrängtem Sanskrit zu tun haben, so daß man fast immer zum Verständnis Erläuterungen beifügen muß, dann möchte ich manchmal bezweifeln, ob der Übersetzer nicht etwas aus nichts gemacht hat, ob uns also eine wirkliche Vorstellung, eine wirkliche Idee von einem so urtümlichen Zeitalter übermittelt worden ist. Ich bin nicht sicher, ob die gelehrten Deutschen nicht auf diese Weise aus Kieselsteinen am Meeresufer Hymnen des Rigveda machen, und die Übersetzer sie entsprechend übersetzen und dabei die Bedeutung herausholen, die das Meer ihnen in Vorzeiten gegeben hat. Während die Kommentatoren und die Übersetzer sich über die Bedeutung dieses oder jenes Wortes streiten, höre ich nur das Wogen des alten Meeres und lege die tiefste Bedeutung hinein, die mir zugänglich ist, denn ich sorge mich nicht im geringsten darüber, woher ich meine Ideen beziehe oder wie ich zu ihnen komme.(IV, 2, 241)

Es gibt wenig Bücher, die es wert sind, daß wir uns ihrer in den Stunden unserer tiefsten Weisheit erinnern, aber die Ilias ist an den heitersten Tagen am hellsten und verkörpert noch immer all das Sonnenlicht, das auf Kleinasien fiel. Keine unserer modernen Freuden und Ekstasen kann ihre Höhe mindern oder ihren Glanz verdunkeln; da liegt sie im Osten der Literatur, als sei sie das früheste und das späteste Erzeugnis des Geistes. Die Ruinen Ägyptens bedrücken und ersticken uns mit ihrem Staub, Fäulnis in Cassia und in Pech aufbewahrt und in Linnen gewickelt, der Tod dessen, was nie gelebt hat. Aber die Strahlen der griechischen Dichtung kämpfen sich bis zu uns herab durch, und sie mischen sich mit den Sonnenstrahlen des neuen Tages. Die Statue Memnons ist umgeworfen worden – aber die aufgehende Sonne trifft noch immer die Säule der Ilias. So hatte ohne Zweifel in der fernen Vorzeit, die ihnen vorausging, Homer seinen Homer und Orpheus seinen Orpheus. Das mythologische System der Alten – und es ist noch immer die Mythologie der Modernen, die Dichtung der Menschheit – , so wundervoll mit der damaligen Astronomie verwoben und in Größe und Harmonie der Architektur des Himmels selbst vergleichbar, scheint auf eine Zeit hinzuweisen, da ein mächtigerer Genius die Erde bewohnte. Aber schließlich ist der Mensch der große Dichter, und nicht Homer oder Shakespeare, und unsere Sprache selbst und die gewohnten Künste des Lebens sind sein Werk. Die Dichtung ist so allgemein wahr und so unabhängig von der Erfahrung, daß es nicht der Biographie eines Einzelnen bedarf, um dies zu illustrieren, aber früher oder später beziehen wir sie auf einen Orpheus oder Linus, und nach vielen Zeitaltern auf den Genius der Menschheit und die Götter selber.

Es wäre der Mühe wert, unsere Lektüre gut auszuwählen, denn Bücher sind die Gesellschaft, in der wir verkehren: nur die strahlend wahren lesen, nie Statistiken oder Belletristik oder Zeitungen oder Berichte oder Zeitschriften, sondern nur die großen Dichtungen, und wenn sie versagt haben, sie noch einmal lesen oder vielleicht neue schreiben. Anstelle eines anderen Opfers könnten wir täglich unsere vollkommenen (Τέλεια) Gedanken den Göttern in Hymnen oder Psalmen darbringen. Denn zumindest einmal am Tage sollten wir am Steuerruder stehen. Der Tag als Ganzer sollte mehr sein als nur der Tagesablauf; es sollte eine Stunde, wenn nicht mehr, geben, die nicht der Tag hervorgebracht hat. Wissenschaftler sind es gewohnt, ihr Erstgeburtsrecht für eine Linsensuppe der Gelehrsamkeit zu verkaufen. Ist es aber notwendig, zu wissen, was der spekulative Denker druckt, was die Gedankenlosen studieren oder die Trägen lesen, die Literatur der Russen und der Chinesen, sogar französische Philosophie und einen großen Teil der deutschen Kritik? Lies die besten

Bücher zuerst; du hast vielleicht keine Gelegenheit mehr, sie überhaupt zu lesen. »Es gibt die, die mit Opfergaben anbeten, und die mit Kasteiungen anbeten, und die mit enthusiastischer Hingabe anbeten, und so gibt es auch die, deren Anbetung in der Weisheit dessen besteht, was sie lesen, Männer mit gezügelten Leidenschaften und strengen Sitten. Diese Welt ist nicht für den, der nicht anbetet – und wo ist eine andre?« Gewiß brauchen wir nicht immer wie Kinder besänftigt und unterhalten zu werden. Wer sich in seiner Trägheit dem leichten Roman zuwendet, tut nichts besseres, als wenn er schlummerte. Die Vorderansicht großer Gedanken kann nur genießen, wer auf der Seite steht, von der diese Gedanken kommen. Nicht die Bücher, die uns ein ängstliches Vergnügen bereiten, sondern die, in denen jeder Gedanke von ungewöhnlichem Wagemut ist, Bücher, die ein untätiger Mensch nicht lesen, aus denen ein furchtsamer nicht Unterhaltung schöpfen kann, Bücher, die uns sogar zu einer Gefahr für die bestehenden Institutionen machen – das nenne ich gute Bücher.

Nicht alles, was gedruckt und gebunden wird, ist ein Buch. Bücher gehören nicht notwendigerweise zur Literatur, sondern sie sind häufiger zu den Luxusgegenständen und dem Zubehör der Zivilisation zu rechnen. In tausend Verhüllungen werden den Menschen wertlose Waren angedreht . . .

Die guten Schreiber stellen ihre Bücher geschickt zusammen, und diese haben ihren Erfolg sogar unter den Gebildeten, als seien sie das Ergebnis des Denkens eines neuen Menschen, und als sei ihre Geburt von natürlichen Wehen begleitet. Aber nach einer kleinen Weile fallen die Deckel ab, denn kein Einband ist stark genug, und es stellt sich heraus, daß sie überhaupt keine Bücher oder Bibeln sind. Es sind neue und patentierte Erfindungen in Buchform, die vorgeben, zur Förderung des Menschengeschlechts verfaßt worden zu sein, und mancher reine Wissenschaftler und manches Genie, die zu lesen gelernt haben, lassen sich einen Augenblick lang hinters Licht führen . . .

Papier ist billig, und die Autoren brauchen nicht ein Buch auszuradieren, bevor sie ein anderes schreiben. Anstatt die Erde mit Weizen oder Kartoffeln zu bestellen, pflegen sie die Literatur und nehmen einen Platz im Geistesleben ein. Oder dann wollen sie einfach um des Ruhmes willen schreiben, wie andere Getreide anbauen, um daraus Branntwein zu destillieren. Zum größten Teil werden Bücher willkürlich und hastig geschrieben als Teil eines Systems, das einen wirklichen oder eingebildeten Bedarf befriedigt. Naturwissenschaftliche Bücher sind meist von irgendeinem Kanzlisten zusammengestoppelte Listen oder Bestandsaufnahmen von Gottes Eigentum. Sie lehren keineswegs die göttliche Ansicht der Natur, sondern die populäre, oder vielmehr die populäre Methode der Naturforschung, und beeilen sich, den eifrigen Schüler in das Dilemma einzuführen, in dem sich die Professoren immer befinden.

In Wirklichkeit lehren sie die Elemente der Ignoranz und nicht des Wissens . . . Es klafft ein Abgrund zwischen Wissen und Ignoranz, den der Bogen der Wissenschaft nie überspannen kann. Ein Buch sollte reine Entdeckungen enthalten, Ansichten der terra firma, wenn auch von schiffbrüchigen Matrosen, und nicht die Kunst der Navigation dargelegt von einem, der nie außer Sicht des Landes gekommen ist . . . Wir lernen nicht viel aus gelehrten Büchern, wohl aber aus wahren, aufrichtigen, menschlichen Büchern, aus offenen und ehrlichen Lebensbeschreibungen. Das Leben eines guten Menschen wird uns kaum besser machen als das Leben eines Freibeuters, denn die unvermeidlichen Gesetze treten so klar zutage, wenn sie gebrochen, wie wenn sie befolgt werden . . . Laßt uns wenigstens gesunde Bücher haben . . . Der Dichter möge nicht nur über das Gemeinwohl Tränen vergießen. Er sollte stark sein wie ein Ahorn, mit genügend Saft, um grün zu bleiben . . . und nicht wie eine Rebe, die, wenn sie im Frühling geschnitten wird, keine Frucht trägt, sondern in dem Bestreben, ihre Wunden zu heilen, zu Tode blutet. Der Dichter ist der, der genügend Fett hat wie die Bären und die Murmeltiere, die den ganzen Winter hindurch an ihren Pfoten saugen. Er überwintert in dieser Welt und nährt sich von seinem eigenen Mark. Wir denken im Winter bei unserem Gang über schneebedeckte Weiden gerne an diese glücklichen Träumer unter der Erde, an die Haselmaus und das ganze Geschlecht schlafender Geschöpfe, die einen solchen Reichtum an Leben in dicke Falten von Fett eingewickelt haben und gegen Kälte unempfindlich sind. Auch der Dichter ist leider eine Art Haselmaus. Er hat sich in sein Winterquartier tiefer und erhabener Gedanken zurückgezogen, unempfindlich gegen seine Umgebung . . . Andere Menschen führen unterdessen ein Hungerdasein wie der Falke, der in der Luft zu schweben liebt und sich darauf verläßt, daß er ab und zu einen Spatzen erwischt.(I, 1, 97)

Äschylus hatte für die gewöhnlichsten Dinge ein klares Auge; sein Genie war nur ein erweiterter gesunder Menschenverstand. Mit keuscher Strenge wendet er sich allen natürlichen Tatsachen zu. Seine Größe ist die Aufrichtigkeit und Einfachheit des Griechen, das nackte Staunen über das, was die Mythologie nicht erklären konnte. Er hat die Kraft, jedes allgemein männliche Gefühl auszudrücken. Wenn er seinen Helden prahlen läßt, dann ermangelt das nicht der Fülle; er ist so prahlerisch, wie man es nur wünschen kann. Er hat einen beweglichen Mund und kann ihn mit Leichtigkeit mit starken, gesunden Worten füllen, so daß sich sagen läßt, nichts mangele seiner Rede. Er hat nichts ungesagt gelassen . . . Was immer das gewöhnliche Auge überhaupt sieht und so ausdrückt, wie es das am besten zu tun vermag, das sieht er auf ungewöhnliche Weise und drückt es mit seltener Vollkommenheit aus. Die Menge, die sich im Theater drängte, verstand ihn ohne Zweifel bis zum Ende. Die Griechen hatten keine außerordentlichen Genies wie Milton oder Shakespeare, deren Verdienst erst die Nachwelt voll zu schätzen wußte.(IV, 2, 279)

Die beste Poesie ist nie geschrieben worden, denn als sie hätte geschrieben werden können, vergaß sie der Dichter, und als es zu spät war, erinnerte er sich ihrer.(III, 2, 238)

Orient und Okzident

Ich kann mich keines Ausspruchs des Konfuzius entsinnen, der sich unmittelbar auf den Ursprung, den Zweck und die Bestimmung des Menschen bezöge. Er war praktischer eingestellt. Er ist voll Weisheit, was die Beziehungen der Menschen untereinander, das Privatleben, die Familie, die Regierung und so weiter betrifft. Bemerkenswert ist, daß nach seiner eigenen Aussage die Summe und Substanz seiner Lehre die ist, daß der Mensch anderen das tue, von dem er wünscht, daß es ihm selbst angetan würde.

Er sagte auch (ich übersetze aus dem Französischen): »Verhalte dich angemessen gegenüber den Mitgliedern deiner Familie, dann wirst du imstande sein, eine Nation zu lehren und zu führen.

Sich mit etwas Reis ernähren, Wasser trinken, zur Stützung des Kopfs nur seinen gebeugten Arm haben, ist ein Zustand, der auch Zufriedenheit mit sich bringt. Auf verworfene Art und Weise zu Reichtum und Ehre kommen ist für mich wie die schwebende Wolke, die vorüberzieht.

Sobald ein Kind geboren ist, muß man seine Fähigkeiten achten: das Wissen, das es allmählich erwerben wird, gleicht in keiner Weise dem in seinem jetzigen Zustand. Wenn es ein Alter von vierzig oder fünfzig Jahren erreicht hat, ohne etwas gelernt zu haben, verdient es keine Achtung mehr.« Dieses letztere, glaube ich, trifft auch auf unsere Verhältnisse zu.

Unsere Bekanntschaft mit den alten Hindus ist in keiner Weise persönlich. Die Namen, auf die wir uns verlassen können, sind recht schattenhaft. Hingegen kennen wir greifbare Werke. Die besten, meine ich, sind das Bhagavadgita (eine Episode in einem alten Heldenepos namens Mahabharata), die Veden, die Vishnu Purana, die Lehren des Menu usw.

Ich kann nicht sagen, daß Swedenborg für mich von unmittelbarem praktischem Wert gewesen sei. Denn ich habe ihn nicht gelesen, oder doch nur sehr weniges; aber ich hege die höchste Achtung für ihn und hoffe, daß ich seine Werke in einer anderen Welt werde lesen können. Er hat ein wunderbares Wissen von unserem inneren, geistigen Leben, wenn auch seine Erleuchtungen gelegentlich durch Trivialitäten beeinträchtigt sind. Er kommt der Antwort oder dem Versuch einer Antwort auf die Frage nach dem Ursprung, dem Ziel und der Bestimmung des Menschen näher als alle Autoritäten, die ich genannt habe.

Doch glaube ich, daß das nicht *nur* eine Empfehlung ist, da die Antwort auf diese Fragen ebensowenig entdeckt werden kann wie das Perpetuum mobile . . . Der edelste Mensch, glaube ich, ist der, der über diese Dinge am meisten weiß und sie in seinem Leben verwirklicht. Knacke weiter an diesen Nüssen, solange du kannst, die Tätigkeit als solche wird dich läutern, und vielleicht erhältst du etwas Besseres als das, was du erwartet hast.(V, 2, 299)

Große Menschen lernt man nicht so schnell kennen, nicht einmal in ihren Umrissen, sondern sie verändern sich wie die Berge am Horizont, wenn wir unseres Wegs ziehen.(III, 1, 230)

Das ist der Unterschied zwischen dem Orientalen und dem Okzidentalen: Der erstere hat nichts in dieser Welt zu schaffen; der zweite ist voll von Tätigkeitsdrang. Der eine schaut in die Sonne, bis seine Augen erlöschen; der andere folgt ihr in ihrem Lauf nach Westen. Es gibt auch im Westen so etwas wie das Prinzip der Kaste, wenn auch vergleichsweise schwach ausgebildet; hier ist es der Konservativismus. Es sagt: gib dein Gewerbe nicht auf, beleidige keine Institution, gebrauche keine Gewalt, zerreiße keine Fesseln, der Staat ist dein Vater . . . In jeder Nation findet ein Kampf statt zwischen Orientalen und Okzidentalen, den einen, die ewig die Sonne betrachten wollen, und den anderen, die dem Sonnenuntergang zueilen. Die ersteren sagen zu den letzteren: »Wenn du den Sonnenuntergang erreicht hast, wirst du der Sonne nicht näher sein.« Worauf dieser antwortet: »Aber auf diese Weise verlängern wir den Tag.« (I, 1, 147)

Wir sollten die Geschichte so wenig kritisch lesen wie wir die Landschaft betrachten, und mehr an den atmosphärischen Farben und den verschiedenen Lichtern und Schatten interessiert sein als an Grundlage und Komposition. Sie ist der Morgen, der jetzt zum Abend geworden ist und den wir im Westen erblicken – die gleiche Sonne, aber ein neues Licht, eine neue Atmosphäre. Die Schönheit der Geschichte ist wie die des Sonnenuntergangs, nicht ein Fresko auf einer Wand, flach und begrenzt, sondern atmosphärisch, schweifend, frei. In Wirklichkeit ändert sich die Geschichte wie das Gesicht der Landschaft vom Morgen bis zum Abend. Was von Bedeutung ist, ist ihre Tönung und ihre Farbe. Die Zeit verbirgt keine Schätze; wir wollen nicht ihr *Damals*, sondern ihr *Jetzt*. Wir klagen ja nicht darüber, daß die Berge am Horizont blau und undeutlich sind; um so mehr sind sie dem Himmel gleich.
Welches Gewicht haben Tatsachen, die doch verloren gehen

können, daß man sich ihrer erinnern sollte? Das Mahnmal des Todes wird die Erinnerung an die Toten überdauern. Die Pyramiden erzählen nicht die Geschichte, die ihnen anvertraut worden ist; die lebende Tatsache ist ihr eigenes Denkmal. Warum im Dunkel nach Licht suchen? Genau genommen haben die Historiker nicht eine einzige Tatsache der Vergangenheit entrissen, sondern sie gehören selber zu den Tatsachen, die verloren gehen. Der Forscher ist der Erinnerung würdiger als der, den er erforscht hat . . . Es ist erstaunlich, wie wenig Hilfe man von den Historikern braucht, um sich der Vergangenheit zu erinnern. Ihre Geschichte hat in der Tat eine andere Muse als die, die man ihr zugesprochen hat. Es gibt in Alwakidis arabischer Geschichte ein gutes Beispiel dafür, wie alle Geschichte begann: »Mich lehrte Ahmed Almatin Aljorhami, der es von Rephaa Ebn Kais Alamiri hatte, der es von Saith Ebn Fabalah Alchatquarmi hatte, der es von Thabet Ebn Alkamah hatte, der sagte, er sei bei dem Ereignis zugegen gewesen.« Diese Väter der Geschichte waren nicht darauf bedacht, Tatsachen zu bewahren, sondern sie zu erlernen, und deshalb vergaß man sie nicht. Umsonst wird kritischer Scharfsinn darauf verwendet, die Vergangenheit aufzuhellen; die Vergangenheit kann nicht vergegenwärtigt werden; wir können nicht wissen, was wir nicht sind. Aber über der Vergangenheit, der Gegenwart und der Zukunft hängt ein Schleier, und die Aufgabe des Geschichtsschreibers ist es, herauszufinden nicht was war, sondern was ist. Wo eine Schlacht geschlagen wurde, findest du nichts als die Gebeine von Menschen und Tieren, wo eine Schlacht geschlagen wird, dort schlagen die Herzen. Laßt uns nachdenklich auf einem Grabhügel sitzen und nicht versuchen, diese Skelette wieder auf ihre Beine zu stellen. Glaubst du, die Natur erinnere sich daran, daß sie Männer *waren*, und nicht vielmehr daran, daß sie Gebeine *sind?* (I, 1, 161)

Die Wissenschaften

In den Wissenschaften des Menschen ist mehr Religion als Wissenschaft in seiner Religion.(I, 1, 79)

In welchen Bezirken treibt sich der Astronom herum! Seine Himmel sind Sandbänke, und die Phantasie keucht wie ein durstiger Wanderer, die Wüste hinter sich zu lassen. Der schweifende Geist sprengt ungeduldig die Fesseln der astronomischen Bahnen, wie Spinnweben in einer Ecke seines Universums, und er bricht dorthin auf, wo unsere Vorstellungen von Entfernungen nicht mehr ausreichen und das Gesetz, wie die Wissenschaft es entdeckt hat, schwach und matt wird. Der Geist kennt eine Entfernung und einen Raum, für den alle Zahlen zusammengenommen noch nicht einmal eine Maßeinheit bilden – den Zwischenraum zwischen dem, was zu sein *scheint*, und dem was *ist*. Ich weiß, daß es viele Sterne gibt, ich weiß, daß sie in ihren Laufbahnen weit genug, hell genug, beständig genug sind, aber was ist der Wert von all dem? Sie sind Wüste im Westen, Sternland, das wir vielleicht, wenn wir es kolonisieren, zu einem Sklavenstaat machen können. Ich habe Interesse nur für sechs Fuß von einem Stern, und dieses Interesse ist vorübergehend. Dann lebt wohl, all ihr Himmelskörper, so wie ich euch gekannt habe.(I, 1, 413)

Erst wenn wir all unser Wissen vergessen, beginnen wir zu wissen. Wenn ich glaube, von einem Wissenschaftler eine Einführung in einen Gegenstand der Natur erhalten zu haben, komme ich diesem nicht um Haaresbreite näher. Um ihn völlig zu erfassen, muß ich mich ihm zum tausendsten Mal als etwas völlig Fremdem nähern. Wenn du die Farne kennenlernen willst, mußt du deine Botanik vergessen. Kein einziger wissenschaftlicher Ausdruck, keine einzige wissenschaftliche Unterscheidung hat auch nur den geringsten Wert. Willst du etwas erkennen, so mußt du ohne jedes Vorurteil an den Gegenstand herangehen. Du mußt wissen, daß nichts das ist, wofür du es gehalten hast. In welchem Buch wird diese Welt und ihre Schönheit beschrieben? Wer hat die Schritte zur Entdeckung der Schönheit abgesteckt?(IV, 2, 67)

Manchmal möchte ich wie bei diesem Farn lieber einen flüchtigen Eindruck oder die Seitenansicht eines Gegenstands haben, als ihm gegenüberzustehen. Ein Gegenstand, von dem ich im Vorübergehen einen Anblick erhasche, verfolgt meine Gedanken lange Zeit, ist unendlich anregend, und ich will mich gar nicht ihm gegenüberstellen und ihn genau betrachten, denn ich weiß, daß das, was mich wirklich angeht, nicht in ihm selbst liegt, sondern in meiner Beziehung zu ihm . . . Es ist nicht der Farn in meiner Büchse oder meinem Herbarium, oder der, den ich möglicherweise dazu bringen kann, in einem Beet in meinem Garten Wurzeln zu schlagen, oder der, den die botanischen Bücher beschreiben, der mich interessiert, sondern der, den ich, wenn ich in der richtigen Stimmung bin, bei meinen Gängen aus einiger Entfernung sehe. Die Einflüsse gehen stoßweise von ihm aus, und die Luft weht sie mir zu . . .
Ich meine, der Wissenschaftler macht einen Fehler, und mit ihm der größte Teil der Menschheit, wenn er annimmt, man solle die Aufmerksamkeit hauptsächlich auf das Phänomen richten, das den Beobachter erregt als etwas, das von ihm unabhängig ist, anstatt auf seine Beziehung zu ihm. Die wichtige Tatsache ist die Wirkung auf mich. Der Wissenschaftler meint, es stände mir nicht zu, irgend etwas anderes zu sehen als das, was er als Regenbogen definiert, aber mir ist es gleichgültig, ob meine Vision eine Vorstellung im Wachzustand oder Erinnerung an einen Traum ist, ob sie im

Licht oder im Schatten erscheint. Es ist der Gegenstand der Vision, es ist allein die Wahrheit, die mich etwas angeht. Der Philosoph, für den der Regenbogen und dergleichen wegerklärt werden kann, hat ihn nie gesehen.(IV, 2, 220)

Die Naturforscher der Vergangenheit waren der Natur gegenüber so empfindlich und standen so sehr im Einklang mit ihr, daß sie über die gewöhnlichen Vorkommnisse des Lebens überrascht sein konnten. Sie war ihnen ein unaufhörliches Wunder, und deshalb waren Gorgonen und fliegende Drachen nicht unglaubwürdig. Der größte und traurigste Mangel ist nicht Leichtgläubigkeit, sondern das gewohnheitsmäßige Vergessen, daß unsere Wissenschaft Unwissenheit ist.(III, 1, 71)

Wenn die Wissenschaften sich vor dem Sturmangriff durch eine Palisade oder Spanische Reiter von Fachausdrücken schützen, so kann sich auch der Gelehrte verschanzen und sein geringes wirkliches Wissen hinter schwierigen Worten verstecken. Vielleicht läßt sich der Wert jeder Aussage in dem Maß steigern, als sie sich in volkstümlicher Sprache ausdrücken läßt.(III, 1, 135)

In unseren Verträgen mit den Göttern gibt es Geheimklauseln, die, wichtiger als alle anderen, der Historiker nie kennen wird.(I, 1, 129)

Die unruhige Schar der Weltverbesserer

Ach, die schreiende Sünde dieses Zeitalters, dieser mangelnde Glaube an die Überlegenheit *eines* Mannes. Nichts läßt sich bewirken außer von einem einzigen Mann. Wer Hilfe braucht, dem fehlt alles. Gewiß ist das der Grund unserer Schwäche, aber es kann niemals das Mittel zu unserer

Wiederherstellung sein. Zuerst müssen wir allein Erfolg haben, um dann unseren Erfolg gemeinsam genießen zu können. Wir hoffen, daß die sozialen Bewegungen, deren Zeugen wir sind, auf ein Bedürfnis hinweisen, das wir nicht so billig befriedigen können. In dieser Sache, der Reformation der Welt, haben wir wenig Glauben an Gruppen von Menschen; sie haben die Welt nicht geformt.(II, 2, 299)

In allen Zeiten und bei allen Nationen beobachten wir einen Zug zu einem richtigen Zustand der Dinge. Das kann man besonders am Leben des Priesters sehen, das dem des idealen Menschen am nächsten kommt. Die Druiden zahlten keine Steuern, und sie waren vom Kriegsdienst und von allen anderen Pflichten ausgenommen. Die Geistlichkeit ist sogar jetzt noch eine privilegierte Klasse. Im letzten Stadium der Zivilisation werden Dichtung, Religion und Philosophie eins sein, und in der Poesie finden sich bereits Ahnungen dieser Wahrheit.

Die Sitte, aller idealen Vortrefflichkeit das weibliche Geschlecht zuzusprechen, ist ein Zeichen der Verfeinerung, das sich in den Mythologien selbst der barbarischsten Nationen feststellen läßt. Sogar Gloria und Viktoria sind weiblichen Geschlechts, aber es bedarf männlicher Eigenschaften, um sie zu erringen. Der Mann ist männlich, aber seine Mannheit *(virtus)* weiblich. Es geht hier um die Neigung, die die brutale Gewalt zur moralischen Macht hin hat.(IV, 2, 442)

Ich saß eines Abends und las beim Schein des Feuers die Zeitungsfetzen, in die Ausflügler ihr Mittagessen eingewikkelt hatten: die in New York und Boston herrschenden Preise, die Inserate und die merkwürdigen Leitartikel, die gewissen Leuten der Veröffentlichung wert schienen, ohne vorauszusehen, mit welch kritischem Auge ich sie lesen würde . . . Es schien mir, daß die Anzeigen oder das, was man den geschäftlichen Teil einer Zeitung nennt, bei weitem das Beste waren, das Nützlichste, Natürlichste und Seriöseste. Fast alle Meinungen und Ansichten waren so wenig überlegt, so seicht und dünn, daß ich glaubte, sogar das Papier müßte in diesen Teilen schwächer beschaffen und leichter zu zerreißen sein. Die Anzeigen und die laufenden Preise standen der Natur näher, und sie waren bis zu einem gewissen Grad seriös, wie es die Gezeiten- und die metereologischen Tabellen sind. Aber der Lesestoff, der, wie ich mich erinnerte, am meisten geschätzt wird, kam mir, wenn es sich nicht um eine bescheidene wissenschaftliche Meldung oder einen Auszug aus einem alten Klassiker handelte, so seltsam absonderlich, grobschlächtig und einseitig vor wie Schüleraufsätze, die junge Leute schreiben und nachher verbrennen. Die Meinungen waren derart, daß sie wie die Mode des letzten Jahres dazu verdammt waren, morgen ganz anders auszusehen, als wäre die Menschheit noch sehr grün und müßte sich in ein paar Jahren, wenn sie ihre grüne Periode hinter sich gelassen hätte, ihrer selbst schämen. Zudem war da eine merkwürdige Neigung zu Witz und Humor, aber selten mit auch nur dem geringsten Erfolg, und wo sich Erfolg einzustellen schien, war er eine schreckliche Satire auf den Versuch, witzig zu sein. Der böse Genius des Menschen lachte über deren beste Witze am lautesten. Die Anzeigen, wie gesagt, regten zu angenehmen und poetischen Gedanken an, so weit sie ernsthaft und nicht von der modernen marktschreierischen Art waren, denn Handel ist ja so interessant wie die Natur. Sogar die Namen der Waren waren poetisch und so bedeutsam, als stammten sie aus einem hübschen Gedicht: Bauholz, Baumwolle, Zucker, Häute, Guano, Baumstämme. (I, 1, 194)

Es ist ein großes Vergnügen, ab und zu der unruhigen Schar der Weltverbesserer zu entrinnen. Was, wenn diese Mißstände existieren? Du und ich tun es auch. Glaubst du, daß die brütenden Hennen in diesen langen Sommertagen von Langeweile heimgesucht sind, während sie ohne aktive Betätigung im Winkel eines Heubodens brüten und brüten? Aus dem leisen Gackern in entfernten Scheunen schließe ich, daß Frau Natur noch immer daran interessiert ist, zu wissen, wie viele Eier ihre Hennen legen. Der Weltgeist, wie man das so nennt, ist am Aufschichten von Heu, am Füttern des Viehs und an der Drainage von Torfland interessiert. Weit weg in Skythien, weit weg in Indien macht er Butter und Käse . . . Die Reform, von der du sprichst, kannst du jeden Morgen ausführen, bevor du die Tür öffnest. Du brauchst dazu keine Tagung einzuberufen. Wenn zwei Nachbarn, die vorher Weizenbrot aßen, anfangen, Maisbrot zu essen, dann lächeln die Götter übers ganze Gesicht, denn das ist wohlgetan! Warum versuchst du es nicht? Ich werde dich nicht daran hindern.

Zu allen Zeiten hat es auf der ganzen Welt theoretische Reformer gegeben, die von der Hoffnung lebten. Wolff, der in der Wüste von Bokhara reiste, schreibt: »Eine andere Gruppe von Derwischen kam zu mir und sagte: Die Zeit wird kommen, wenn es zwischen reich und arm, zwischen hoch und niedrig keinen Unterschied mehr geben wird, wenn der Besitz und sogar Frauen und Kinder allen gemeinsam gehören werden.« Aber immer und immer wieder frage ich solche Leute: Was dann? Die Derwische in der Wüste von Bokhara und die Reformer in Marlboro' Chapel singen das gleiche Lied: »Leute, es kommt eine gute Zeit.« Als aber einer in gutem Glauben fragte: »Kannst du das Datum angeben?«, antwortete ich: »Wirst du behiflich sein, daß es überhaupt je kommt?« . . .

Wie in der Geologie, so können wir in sozialen Einrichtungen die Ursachen aller früherer Veränderungen in der gegenwärtigen unerschütterlichen Ordnung der Gesellschaft finden.

Die größten wahrnehmbaren physischen Revolutionen sind das Werk der leichtfüßigen Luft, des schleichenden Wassers und des unterirdischen Feuers. Aristoteles sagt: »Da die Zeit nie aufhört und das Universum ewig ist, können weder Tanais noch Nil ewig geflossen sein.« Wir sind unabhängig von der Veränderung, die wir entdecken. Je länger der Hebel, desto weniger wahrnehmbar seine Bewegung. Das langsamste Pulsieren ist das wichtigste. Der Held wird wissen, wie er zu warten, und auch, wie er zu eilen hat. Alles Gute verweilt bei dem, der *weise* wartet. Wir werden den Sonnenuntergang eher einholen, indem wir hier bleiben, als indem wir über die Hügel im Westen eilen. Sei dessen gewiß, daß der Erfolg jedes Mannes in einem Verhältnis zu seiner durchschnittlichen Fähigkeit steht. Die Wiesenblumen wachsen und blühen, wo das Wasser alljährlich seinen Schlamm zurückgelassen hat, nicht wo sie nur von einer Überschwemmung gestreift werden. Ein Mensch ist nicht seine Hoffnung, auch nicht seine Verzweiflung, auch nicht seine vergangenen Taten. Wir wissen noch nicht, was wir getan haben, noch weniger, was wir tun. Warte bis zum Abend, und andere Einzelheiten deines Tagwerks werden aufleuchten als die, an die wir am Mittag gedacht haben, und wir werden den wahren Sinn unserer Arbeit erkennen. Und wenn der Bauer das Ende der Furche erreicht hat und zurückblickt, kann er am besten sagen, wo die zusammengepreßte Erde am stärksten leuchtet. (I, 1, 130)

Für einen, der gewohnheitsmäßig bestrebt ist, den wahren Zustand der Dinge zu betrachten, kann der politische Staat kaum eine Existenz haben. Für ihn ist er unwirklich, unglaubwürdig und ohne Bedeutung, und wenn er sich bemüht, die Wahrheit aus so magerem Material zu extrahieren, ist das, als mache er Zucker aus Lumpen, wenn Zuckerrohr erhältlich ist. Allgemein gesprochen könnten die politischen

Neuigkeiten sowohl des Inlands wie des Auslands schon heute mit ausreichender Genauigkeit für die nächsten zehn Jahre beschrieben werden. Die meisten gesellschaftlichen Revolutionen haben nicht die Kraft, uns zu interessieren, noch weniger uns zu alarmieren; aber sag mir, daß unsere Flüsse austrocknen oder daß die Fichte in unserem Land ausstirbt, und ich könnte aufmerken. Die meisten in der Geschichte festgehaltenen Ereignisse sind eher bemerkenswert als wichtig, wie die Eklipsen der Sonne und des Monds, auf die jedermann achtet, deren Auswirkungen zu berechnen sich aber niemand die Mühe nimmt . . .

Ich sehe nicht mit der gleichen Sicherheit voraus, daß ein Kosak oder Chippeway (ein Indianerstamm) unsere rechtschaffene und schlichte Gemeinschaft durcheinanderbringen wird, als daß irgendeine monströse Institution schließlich die freien Menschen in ihr . . . umfangen und zermalmen wird, denn man sollte nicht vergessen, daß das Gesetz zwar den Dieb und den Mörder festhält, sich selbst aber freispricht. Als ich die Steuer nicht bezahlte, die der Staat von mir für einen Schutz heischte, den ich nicht verlangte, hat er selbst mich beraubt; als ich die Freiheit in Anspruch nahm, die er sich zu verkünden anmaßte, hat er selbst mich gefangengesetzt. Armes Wesen! Wenn er nichts Besseres weiß, will ich ihn nicht tadeln; wenn er nicht auf diese Weise leben kann, so kann ich es . . .

Ich liebe die Menschheit, aber ich hasse die Institutionen der Toten. Die Menschen führen nichts so getreulich aus wie die testamentarischen Bestimmungen der Toten, bis zum letzten Zusatz und zum letzten Buchstaben. *Sie* regieren diese Welt, und die Lebenden sind nur ihre Vollstrecker. Auf solchen Grundlagen beruhen auch im allgemeinen unsere Reden und Predigten . . .

Ohne Zweifel sind unzählige Reformen nötig, weil unsere Gesellschaft nicht oder nicht genügend von Leben beseelt und durchdrungen ist, sondern im Zustand jener Schlangen, die ich zu Frühlingsbeginn gesehen habe und deren Körper aus starren, unbiegsamen Teilen bestand, so daß sie sich nicht rühren konnten. Alle Menschen sind teilweise im Grabe der Gewohnheit begraben, und von manchen sehen wir nur den obersten Teil ihres Kopfes über der Erde. Besser steht es um die körperlich Toten, denn sie verfaulen rascher. Sogar eine Tugend ist keine mehr, wenn sie stagniert. Das Leben eines Menschen sollte fortwährend so frisch sein wie ein Fluß. Das Flußbett sollte immer das gleiche sein, aber das Wasser jeden Augenblick neu . . .

Die meisten Menschen haben kein Gefälle, keine Stromschnellen, keine Wasserfälle, sondern statt dessen Marschen und Alligatoren und Krankheitsherde. Wir lesen, daß auf dem Alexanderzug Onesikritus ausgesandt wurde, um Angehörige der indischen Sekte der Gymnosophen aufzusuchen, und als er ihnen von den neuen Philosophen des Westens, von Pythagoras, Sokrates und Diogenes und ihren Lehren sprach, antwortete einer von ihnen namens Dandamis, daß sie ihm »als geniale Menschen erschienen, aber daß sie den Gesetzen gegenüber zu passiv eingestellt gewesen seien«. Die Philosophen des Westens müssen sich diesen Vorwurf noch immer gefallen lassen. (I, 1, 133)

Politik ist untermenschlich

Was meine Freiheit betrifft, so bin ich vielleicht mehr als andere um sie besorgt. Ich habe das Gefühl, daß meine Verbindung mit der Gesellschaft und mein Pflichtgefühl ihr gegenüber noch immer sehr leicht und flüchtig sind. Die leichten Arbeiten, mit denen ich meinen Lebensunterhalt verdiene und von denen man zugibt, daß sie meinen Mitmenschen bis zu einem gewissen Grade nützlich sind, machen mir bis jetzt im allgemeinen noch Vergnügen, und ich werde nicht oft daran erinnert, daß sie eine Notwendigkeit sind. Bis jetzt bin ich erfolgreich gewesen. Aber ich sehe voraus, daß, wenn meine Bedürfnisse stark ansteigen sollten, die zu ihrer Befriedigung nötige Arbeit zur Plackerei würde. Wenn ich meine Vormittage und meine Nachmittage der Gesellschaft verkaufte, wie es offensichtlich die meisten tun, dann bliebe für mich sicherlich nichts übrig, wofür zu leben sich lohnte. Ich hoffe, daß ich mein Erstgeburtsrecht nie auf diese Weise für ein Linsengericht verkaufen werde. Ich möchte zu bedenken geben, daß ein Mensch sehr fleißig sein kann und doch seine Zeit nicht gut verwendet. Es gibt keinen schlimmeren Stümper als den, der den größten Teil seines Lebens damit verbringt, daß er sich seinen Lebensunterhalt verdient. Alle großen Unternehmungen tragen sich selbst. Zum Beispiel muß der Dichter seinen Leib durch seine Dichtung unterhalten, wie eine Sägemühle ihre Kessel mit den Spänen füttert, die sie erzeugt. (II, 2, 460)

Ich habe eigentlich nie zugeben können, daß das, was man Politik nennt, mich überhaupt etwas angeht. Es handelt sich um etwas vergleichsweise so Oberflächliches und Unmenschliches. Wie ich sehe, widmen die Zeitungen einige ihrer Spalten eigens der Politik und der Regierung, ohne etwas dafür zu berechnen . . . Da ich aber die Literatur liebe und bis zu einem gewissen Grad auch die Wahrheit, so lese ich diese Spalten ohnehin nie. Ich möchte meinen Gerechtigkeitssinn nicht so sehr abstumpfen. Man kann mir nicht vorwerfen, ich hätte jemals die Botschaft eines einzigen Präsidenten gelesen. Ein seltsames Zeitalter, in dem Imperien, Königreiche und Republiken bettelnd zur Tür des Privatmanns kommen und ihre Klagen vorbringen. Ich kann keine Zeitung zur Hand nehmen, in der nicht diese oder jene elende Regierung in Nöten und in den letzten Zügen sich an mich, den Leser, wendet, damit ich für sie stimme – lästiger als ein italienischer Bettler . . . Der arme Präsident, der seine Popularität bewahren und seine Pflicht tun muß, ist vollständig durcheinander. Die Zeitungen sind die herrschende Macht . . . Wenn ein Mann es versäumt, die »Daily Times« zu lesen, dann geht die Regierung vor ihm in die Knie, denn das ist der einzige Verrat in unseren Tagen.

Dinge wie Politik und die tägliche Routine, die heutzutage die Aufmerksamkeit der Menschen beanspruchen, sind zwar lebenswichtige Funktionen der menschlichen Gesellschaft, sollten aber wie die entsprechenden Funktionen des menschlichen Körpers unbewußt verrichtet werden. Sie sind *unter*menschlich, eine Art vegetativen Lebens. Manchmal erwache ich zu einem halben Bewußtsein, daß sie sich um mich herum abspielen, wie jemand des Verdauungsvorgangs erst inne wird, wenn er krank ist und das hat, was man eine Magenverstimmung nennt . . . Politik ist sozusagen der Magen der Gesellschaft, voll von Steinen und Grieß, und die beiden politischen Parteien sind seine beiden Hälften, oft wohl noch in Viertel aufgespalten, die sich gegenseitig zermahlen. Nicht nur Individuen, sondern auch Staatswesen leiden so an chronischer Magenverstimmung, die sich in einer Art der Beredsamkeit äußert, die man sich wohl denken kann. So ist unser Leben nicht gänzlich ein Vergessen, sondern leider auch ein Sich-Erinnern an etwas, das uns nie hätte bewußt sein sollen, sicherlich nicht in unseren wachen Stunden. Warum sollten wir nicht zusammenkommen – nicht immer als Magenleidende, um uns unsere schlechten Träume zu erzählen, sondern auch manchmal als Gesunde, um uns zum immer aufs neue strahlenden Morgen zu beglückwünschen? Damit verlange ich sicher nichts Übertriebenes. (II, 2, 480)

Eine gute Regierung macht das Leben wertvoller, eine schlechte macht es weniger wertvoll. Wir können es verkraften, daß Eisenbahn- und andere Aktien, die ja doch nur materielle Werte verkörpern, etwas von ihrem Wert einbüßen, denn das zwingt uns nur, einfacher und sparsamer zu leben; aber nehmen wir einmal an, der Wert des Lebens selbst sollte vermindert werden. Wie können wir an den Menschen und die Natur geringere Ansprüche stellen, wie in Hinsicht auf Tugend und alle anderen Eigenschaften sparsamer leben, als wir es tun? Ich habe während des letzten Monats – und ich glaube, daß jedermann in Massachusetts, der patriotischer Empfindungen fähig ist, eine ähnliche Erfahrung gehabt haben muß – mit dem Gefühl gelebt, daß ich einen ungeheuren und unbestimmbaren Verlust erlitten habe. Erst wußte ich nicht, was mich quälte. Schließlich fiel mir ein, daß das, was ich verloren hatte, ein Land war. Ich habe die Regierung, in deren Bereich ich lebte, nie geachtet, aber ich hatte, Tor, der ich war, gedacht, ich könnte hier leben und sie vergessen, indem ich meinen privaten Geschäften nachginge. Für mich haben meine alten und wertvollsten Tätigkeiten viel, ich kann nicht sagen wieviel, von ihrer Anziehungskraft verloren, und ich habe das Gefühl, daß meine Investitionen im Leben um viele Prozent wertloser geworden sind, seit Massachusetts vorsätzlich einen unschuldigen Menschen, Anthony Burns, in die Sklaverei geschickt hat. Ich lebte wohl vorher in der Illusion, daß mein Leben sich irgendwo *zwischen* Himmel und Erde abspiele, aber jetzt kann ich mich nicht zur Überzeugung durchringen, daß ich nicht *völlig in der Hölle* lebe. Der Ort jener politischen Organisation, die Massachusetts heißt, ist für mich vom moralischen Standpunkt aus mit vulkanischer Schlacke und Asche bedeckt, wie sie Milton in der Unterwelt beschreibt. Wenn es eine Hölle gibt, in der die Herrscher und wir, die Beherrschten, charakterloser sind, dann wäre ich neugierig, sie zu sehen. Da das Leben selbst weniger Wert hat, sind alle Dinge, die ihm dienen, ebenfalls weniger wert. Nimm an, du besäßest eine kleine Bibliothek, Bilder, die die Wände schmücken, einen Garten rundum, und du verfolgtest wissenschaftliche und literarische Interessen – und nun mache ganz plötzlich die Entdeckung, daß deine Villa mit ihrem gesamten Inhalt sich in der Hölle befindet, und daß der Friedensrichter einen gespaltenen Huf und einen gegabelten Schwanz hat – verlieren diese Dinge dann nicht plötzlich in deinen Augen ihren Wert?

Ich habe das Gefühl, daß der Staat sich bis zu einem gewissen Grad auf verderbliche Weise in mein rechtmäßiges Geschäft eingemischt hat. Er hat mich nicht nur auf meinem Gang durch Court Street, wo ich meine Obliegenheiten erledigte, aufgehalten, sondern er hat mich und alle anderen auch auf dem Weg nach vorn und nach oben aufgehalten, dem Weg, auf dem ich hoffte, Court Street weit hinter mir lassen zu können . . .

Es überrascht mich, zu sehen, wie die Menschen ihren Geschäften nachgehen, als sei nichts geschehen. Ich sage zu mir selbst: »Die Unglücklichen! Sie haben die Neuigkeiten noch nicht vernommen!« Ich bin überrascht, daß der Mann im Sattel, den ich soeben traf, sich bemühte, seine eben gekauften Kühe, die fortrannten, einzuholen, wo doch aller Besitz unsicher ist, und wenn sie nicht wieder fortrennen, dann nimmt man sie ihm vielleicht weg, wenn er sie eingeholt hat. Narr! Weiß er denn nicht, daß sein Saatgut dieses Jahr weniger wert ist, daß alle gewinnbringenden Ernten ausbleiben, wenn man sich dem Reich der Hölle nähert? Unter diesen Umständen wird kein weiser Mann ein Haus aus Stein bauen oder ein friedliches Unternehmen planen, das bis zum Abschluß lange Zeit braucht. Die Kunst ist so lang wie eh und je, aber das Leben hat mehr Unterbrechungen und bietet weniger Gelegenheit für die eigentlichen Tätigkeiten des

Menschen. Es ist keine Zeit der Ruhe. Wir haben alle unsere ererbte Freiheit aufgebraucht. Wenn wir unser Leben retten wollen, müssen wir darum kämpfen.

Ich gehe zu einem unserer Teiche, aber was bedeutet die Schönheit der Natur, wenn die Menschen schlecht sind? Wir gehen zu den Seen, um in ihnen unsere Heiterkeit widergespiegelt zu sehen; wenn wir nicht heiter sind, gehen wir nicht dorthin. Wer kann heiter sein in einem Land, wo Herrscher und Beherrschte ohne Grundsätze sind? Die Erinnerung an mein Land verdirbt mir meinen Gang. Meine Gedanken sind Mord für den Staat und verschwören sich unwillkürlich gegen ihn.

Aber es traf sich letzthin, daß ich eine weiße Wasserlilie roch, und daß die Jahreszeit, auf die ich gewartet hatte, sich eingestellt hatte. Die Wasserlilie ist das Sinnbild der Reinheit. Sie öffnet sich dem Auge so edel und schön, und so süß dem Geruchssinn, als wollte sie zeigen, welche Reinheit und Süße im Schlamm und Schmutz der Erde ruhen und aus ihm hervorgehen können. Ich glaube, ich habe die erste abgepflückt, die sich im Umkreis einer Meile geöffnet hat. Welche Bestätigung unserer Hoffnungen liegt im Duft dieser Blume! Ich werde, ungeachtet der Sklaverei, der Feigheit und der Prinzipienlosigkeit der Menschen hier im Norden um ihretwillen nicht so bald an der Welt verzweifeln. Sie zeigt an, welche Gesetze am längsten und am häufigsten in Kraft waren, und daß vielleicht die Zeit kommt, da die Taten der Menschen ebenso süß duften werden. Dieser Art ist der Geruch, den die Pflanze verbreitet. Wenn die Natur diesen Wohlgeruch noch immer jedes Jahr hervorbringen kann, dann glaube ich, daß sie noch immer jung und voller Kraft ist, daß ihre Reinheit und ihr Genius nicht beeinträchtigt sind, und daß sogar im Menschen Tugend wohnt, da er doch imstande ist, sie wahrzunehmen und zu lieben . . . Ich wittere im Wohlgeruch der Wasserlilie keinen Kompromiß. In ihm sind die Süße, die Reinheit und die Unschuld völlig vom Widerlichen und Bösartigen getrennt. Ich rieche in ihr nicht die prinzipienlose Unentschlossenheit eines Gouverneurs von Massachusetts oder eines Bürgermeisters von Boston. Verhalte dich so, daß der Geruch deiner Taten die allgemeine Süße der Atmosphäre steigert, daß, wenn wir eine Blume erblicken oder riechen, wir nicht daran erinnert werden, wie wenig unsere Taten mit ihr in Einklang sind; denn aller Duft ist nur eine Form, in der sich eine moralische Qualität anzeigt, und wären nie schöne Taten vollbracht worden, würde die Lilie nicht süß riechen . . .

Sklaverei und Kriecherei haben keine Jahr um Jahr wieder blühende, süß duftende Blume hervorgebracht, die die Sinne der Menschen bezaubert, denn sie haben kein wirkliches Leben: sie sind nur Zersetzung und Tod und beleidigen alle gesunden Nüstern. Wir beklagen uns nicht darüber, daß sie *leben*, sondern daß sie nicht *begraben werden*. Mögen die Lebenden sie begraben, sie sind sogar noch als Dünger tauglich. (II, 2, 405)

Sklaverei und Sklavenbefreiung

Ich habe soeben einen flüchtigen Sklaven, der sich den Namen Henry Williams zugelegt hatte, auf die Eisenbahn nach Kanada gebracht. Er war letzten Oktober aus Stafford County, Virginia, nach Boston entflohen.
Er hielt sich bei Shadrach im Cornhill Coffee House auf. Durch einen Mittelsmann korrespondierte er mit seinem Herrn, der auch sein Vater ist, um sich freizukaufen. Sein Herr forderte sechshundert Dollar, er hatte aber nur fünfhundert zusammengebracht. Er hörte, daß für zwei Flüchtlinge, ebenfalls namens Williams, Steckbriefe ausgestellt worden waren, und er erhielt von seinen Mitsklaven und

seinem Arbeitgeber Nachricht, daß Augerhole Burns und andere Polizisten in seiner Abwesenheit nach ihm gefragt hätten. So floh er gestern nacht zu Fuß nach Concord und überbrachte unserer Familie einen Brief von Mr. Lovejoy aus Cambridge und einen anderen, den Garrison ihm früher bei anderer Gelegenheit gegeben hatte. Er wohnte bei uns und wartete in unserem Hause, bis genügend Geld gesammelt worden war, mit dem man ihn weiterschicken konnte. Ich beabsichtigte, ihn am Nachmittag nach Burlington zu schicken, aber als ich seine Fahrkarte kaufte, erblickte ich jemand am Bahnhof, der so sehr nach einem Polizisten aus Boston aussah und sich auch so verhielt, daß ich es nicht wagte. Williams war ein intelligenter Mann mit sehr guten Umgangsformen, ein Mulatte; er sagte, er könne sich nach vielen Sternen, nicht nur nach dem Sirius, richten, und er kenne die Zeiten ihres Auf- und Untergangs. (IV, 1, 49)

Das Sklavenschiff ist unterwegs, vollgepfercht mit seinen sterbenden Opfern; mitten im Ozean wird neue Fracht zugeladen; eine kleine Schar von Sklavenhaltern, geduldet von einer großen Schar von Passagieren, läßt vier Millionen in den Luken ersticken, und doch versichern die Politiker, der einzig richtige Weg, sie zu befreien, sei »die stille Verbreitung humanitärer Gedanken«, ohne »Ausbrüche«. Als ob die Gefühle der Menschlichkeit jemals ohne entsprechende Taten bestehen könnten, und als ob man sie . . . so leicht wie Wasser mit einer Gießkanne verbreiten und so den Staub binden könnte. Was ist das, das ich höre und das über Bord geworfen wird? Die Leiber der Toten, die Erlösung gefunden haben. Das ist die Art und Weise, wie wir Menschlichkeit »verbreiten«. (II, 2, 423)

Viel ist über die amerikanische Sklaverei gesagt worden, aber ich glaube, daß wir noch nicht einmal wissen, was Sklaverei ist. Schlüge ich dem Kongreß ernsthaft vor, aus Menschen Würste zu machen, dann zweifle ich nicht, daß die meisten Kongreßmitglieder über meinen Vorschlag lächelten, und wenn es solche gäbe, die glaubten, es sei mir ernst, dann dächten sie wohl, daß ich etwas bei weitem Schlimmeres vorschlüge als alles, was der Kongreß jemals getan hat. Aber wenn jemand von ihnen einwendet, einen Menschen zu Wurst zu verarbeiten sei viel schlimmer als ihn zu einem Sklaven zu machen . . ., dann werde ich ihn der Dummheit und der intellektuellen Unfähigkeit zeihen und sagen, daß er eine Unterscheidung vornimmt, wo kein Unterschied vorliegt. Das eine ist genau so vernünftig wie das andere. (II, 2, 394)

Für Captain John Brown war die Auffassung charakteristisch, daß ein Mensch durchaus berechtigt sei, gewaltsam gegen den Sklavenhalter vorzugehen, um den Sklaven zu befreien. Ich bin mit ihm einig. Diejenigen, die ständig über die Sklaverei empört sind, haben ein gewisses Recht, über den gewaltsamen Tod eines Sklavenhalters empört zu sein, die anderen aber nicht. Sie werden sich mehr über sein Leben als über seinen Tod empören. Ich werde dem Mann nicht so bald einen Irrtum ankreiden, der sich der Methoden bedient, die am schnellsten zur Befreiung des Sklaven führen. Ich spreche für den Sklaven, wenn ich sage, daß ich die Philanthropie von Captain Brown einer vorziehe, die mich weder erschießt noch befreit. Auf jeden Fall glaube ich nicht, daß es vernünftig ist, wenn einer ein Leben lang über diese Dinge redet und schreibt, es sei denn, er habe den unstillbaren Drang dazu. Ich habe es nicht getan. Ein Mensch muß sich oft anderen Angelegenheiten widmen. Ich will nicht töten oder getötet werden, aber ich kann mir Umstände vorstellen, in denen es unvermeidlich wäre. Wir bewahren den Frieden unseres Gemeinwesens tagtäglich durch kleine Gewalttaten. Schau dir die Keule des Polizisten und die Handschellen an! Schau dir den Feldprediger des Regiments an! . . . So verteidigen wir uns und unsere Hühnerställe und halten die Sklaverei aufrecht. Ich weiß wohl, daß die Mehrzahl meiner Landsleute glaubt, der einzig rechtmäßige Gebrauch, den man von Gewehren und Revolvern machen könne, sei der, mit ihnen Duelle auszutragen, wenn uns andere Nationen beleidigen, oder Indianer zu jagen, oder flüchtige Sklaven zu erschießen. Ich glaube, daß im Falle der Sklavenbefreiung Gewehre und Revolver in einer gerechten Sache verwendet wurden. Die Werkzeuge waren in den Händen derer, die sie gebrauchen konnten.

Die gleiche Entrüstung, von der es heißt, sie habe einmal den Tempel gesäubert, wird ihn wieder säubern. Die Frage ist nicht die nach der Waffe, sondern nach dem Geist, in dem man sie gebraucht. Bis jetzt ist in Amerika keiner aufgetreten, der seinen Mitbürger so sehr liebte und so behutsam behandelte wie John Brown. Er lebte für ihn. Er nahm sein Leben auf und legte es für ihn nieder. Was für eine Gewalttätigkeit ist denn das, die nicht von Soldaten, sondern von friedfertigen Bürgern getragen wird, weniger von Laien als von Verkündigern des Evangeliums, weniger von militanten Sekten als von Quäkern, weniger von den Männern der Quäker als von ihren Frauen? (II, 2, 423)

Was für eine Reise war die seines (John Browns) waagrecht ausgestrecktem Leichnams, der gerade vom Galgen heruntergenommen worden war! Wir haben gelesen, daß er zu der und der Zeit durch Philadelphia passierte und am Samstagabend New York erreichte. So fuhr er durch die Vereinigten Staaten wie ein Meteor von den südlichen Gefilden in die des Nordens! Eine solche Fracht hatten die Wagen nicht mehr geführt, seit sie ihn als Lebendigen südwärts getragen hatten. Gewiß, am Tage seiner Entrückung hörte ich, daß er *gehenkt* worden sei, wußte aber nicht, was das bedeutete; ich war deswegen nicht traurig; erst nach einem oder zwei Tagen hörte ich, daß er *tot* sei, und das werde ich nicht glauben, so viele Tage auch verstreichen werden. Von all den Männern, von denen es hieß, sie seien meine Zeitgenossen, schien mir John Brown der einzige zu sein, der *nicht gestorben war*...Ich höre von keinem ausnehmend mutigen oder ernsten Mann, ohne nicht zuerst an John Brown zu denken, und in welcher Beziehung er zu ihm stand. Ich treffe ihn überall. Er ist lebendiger, als er je gewesen ist. Er hat die Unsterblichkeit errungen. Er arbeitet nicht länger im geheimen ... Er arbeitet in der Öffentlichkeit und im hellsten Licht, das auf dieses Land fällt. (II, 2, 429)

Der Christ von heute ist ein Mensch, der sich bereit erklärt hat, alle Gebete der Liturgie zu sprechen, vorausgesetzt, daß man ihn dann gleich zu Bett gehen und ruhig schlafen läßt. Alle seine Gebete beginnen mit: »Jetzt lege ich mich zum Schlafe nieder«, und er sieht immer der Zeit entgegen, da er zu seiner »ewigen Ruhe« eingehen wird. Er hat sich auch schlecht und recht dazu verstanden, eine gewisse konventionelle Wohltätigkeit auszuüben, aber von einer neumodischen will er nichts hören; er möchte nicht, daß in dem Vertrag irgendwelche neumodische Klauseln aufgenommen werden, um ihn der Gegenwart anzupassen ... Das Übel ist nicht einfach ein Stocken des Bluts, sondern ein Stocken des Geists. Viele sind ohne Zweifel voll guter Absichten, aber durch Temperament und Gewohnheit schwerfällig, und sie können sich keinen Menschen vorstellen, den höhere Beweggründe als ihre eigenen antreiben. Deshalb nennen sie John Brown wahnsinnig, denn sie wissen, daß *sie* niemals so handeln könnten, wie er es tat, so lange sie sie selber sind. (II, 2, 420)

Ein Prediger, der ein elendes Tier zu einem Stall bei einem Versammlungshaus in den Bergen von New Hampshire trieb, tadelte mich einmal, weil ich meine Schritte an einem Sabbat anstatt zu einer Kirche zu einem Berggipfel lenkte, während ich doch weiter als er gegangen wäre, um ein wahres Wort zu hören. Er erklärte, daß ich das vierte Gebot des Herrn übertrete, und dann zählte er mir mit Grabesstimme die Unglücksschläge auf, die ihn getroffen hätten, wann immer er am Sabbat Sonntagsarbeit verrichtet habe. Er glaubte tatsächlich, daß ein Gott aufpasse, um diejenigen zum Straucheln zu bringen, die an diesem Tag weltliche Arbeit verrichteten, und er sah nicht, daß es das schlechte Gewissen des Arbeitenden war, das das bewirkte. Das Land ist voll von diesem Aberglauben, und wenn man ein Dorf betritt, ist die Kirche nicht nur in Wirklichkeit, sondern von solchen Überlegungen her das häßlichste Gebäude, weil es dasjenige ist, in dem sich die menschliche Natur am tiefsten duckt und am meisten entwürdigt wird. Gewiß werden Tempel dieser Art in nicht allzulanger Zeit aufhören, die Landschaft zu verunstalten. Es gibt wenig Dinge, die entmutigender und widerwärtiger sind, als wenn du an einem Sabbat auf den Straßen eines dir unbekannten Dorfes wandelst und hörst, wie ein Prediger gleich einem Maat im Sturmwind brüllt und so die ruhige Stimmung des Tages entweiht. Du stellst dir vor, daß er seinen Rock ausgezogen hat, wie das Leute tun, die heiße und schmutzige Arbeit zu verrichten haben. (I, 1, 76)

Es ist ermutigend, zu wissen, daß zwar das letzte Korn Wahrheit sorgfältig aus unseren Kirchen hinausgefegt worden ist, doch der Staub an ihren Wänden klebt, so daß, trüge man eine Kerze hinein, sie wie eine Pulverfabrik sofort in die Luft gingen. (III, 1, 61)

Der Tod

Wie kann ein Mensch auf die reinlichste und würdigste Art aus der Natur entschwinden? In unserer Zeit sind seine Geburt und sein Tod anrüchige und unsaubere Dinge. Eine Krankheit tötet ihn, und sein Leichnam stinkt zum Himmel. Er beleidigt die körperlichen Sinne nur so weit, wie sein Leben die moralischen beleidigt hat. Es ist der Geruch der Sünde. Sein Leichnam lädt Sonne und Feuchtigkeit ein, und rasch brechen in ihm neue und ekelhafte Formen des Lebens aus, von denen es bereits in ihm wimmelte. Vorher war er nicht viel mehr als ein Aas, doch gerade soweit belebt, daß die Krähen ferngehalten wurden. Die Raubvögel, die hinter einer Armee herschweben, sind eine unerträgliche Satire auf den Menschen, und den Soldaten kann darob wohl ein Schauer ergreifen. Der Moskito singt unseren Grabgesang, er ist der Charon, der gekommen ist, uns über den Styx zu fahren. Er predigt uns eine beißende Strafrede. Er sagt: Weg mit Rind- und Schweinefleisch, mit Dünnbier und Bier, und meine Trompete wird verstummen und nicht mehr gehört werden. Ein maßloser Mensch kann sich keinem Wald und keinem Sumpf nähern, ohne zu hören, wie dieses Requiem gesungen wird . . . Unsere wahren Grabschriften sind die, die Sonne und Wind auf die Luft rund um unsere Gräber schreiben, und zwar so überzeugend, daß kein Wanderer die Lügen auf unseren Grabsteinen lesen will. Soll man uns nicht eher nach dem beurteilen, was wir zurücklassen, als nach dem, was wir in die Welt bringen? Den Gast erkennt man an dem, was er zurückläßt. Wenn wir uns selber unerträglich geworden sind, werden wir dem Himmel erträglich sein? Werden unsere Geister rein und duftend aus unseren besudelten Leichen aufsteigen? Können wir unsere Makel sich nicht allmählich in der Sonne und der Luft verflüchtigen lassen und mit ihnen die überflüssigen Säfte unseres Körpers, und so verwelken und vertrocknen wie ein Baum im Wald, der nach dem Tod eine Art einbalsamierten Lebens besitzt und der so sauber ist wie der Schößling oder die frische Frühlingsknospe? Laßt uns wenigstens durch Trokkenfäulnis sterben. Der tote Baum steht noch immer, ohne Scham oder Anstoß zu erregen, unter seinen grünen Brüdern, der malerischste Gegenstand im Wald. Der Maler stellt ihn in den Vordergrund seines Bilds, denn auch wenn er tot ist, erinnert man sich seiner noch immer als eines Baumes. Wenn der Mensch der Natur zurückgegeben ist, dann ist er nicht einfach die Summe der Elemente, die sie zu seinem Wachstum beigesteuert hat, sondern bevor sie ihn als ihr Eigentum zurücknehmen kann, muß sie mit ihren Fluten den Schmutz abwaschen, der sich angehäuft hat, mit ihren Feuern ihn verbrennen. Er vergiftet ihre Stürme, und er ist ein Fluch für das Land, in dem er geboren wurde. Die Natur muß die Aasvertilger in Selbstverteidigung einsetzen, um das Ärgernis zu beseitigen. Kann der Mensch seine Hülle nicht abstreifen und dabei so wenig Anstoß erregen wie die Muschel . . ., können wir uns nicht mir ihr vergnügen, wie wenn wir die Schichten einer Muschel zählen und sie an unser Ohr halten, um die Geschichte ihres Bewohners im Meeresrauschen zu vernehmen, das Pochen des Lebens, das einst darin weilte und das noch immer ein leises Echo hören läßt. Wir geben zu, daß die Natur gut daran tat, ihre Kalkatome der Muschel und der Koralle auszuleihen, um sie wieder mit soviel Zinsen zurückzuerhalten.

Die Alten waren ordnungsliebender als wir; sie unterzogen den Körper der Reinigung durch das Feuer, bevor sie ihn der weilte und das noch immer ein leises Echo hören läßt? Wir ser trägt die Unreinheit nur weiter. Das Feuer ist gründlich, das Wasser oberflächlich. (IV, 2, 429)

Ein Mensch kann wohl darum beten, daß er dort, wo er sich begraben läßt, die Natur nicht entweihe und mit einem Fluch belade. Meistens wird der Geist auch des besten Menschen zu einem schrecklichen Gespenst, das sein Grab heimsucht, und es ist deshalb Little John, dem berühmten Gefolgsmann von Robin Hood, hoch anzurechnen und wirft ein günstiges Licht auf seinen Charakter, daß sein Grab »lange dafür berühmt war, daß es ausgezeichnete Schleifsteine hergab«. Ich gestehe, daß ich nur wenig für Ansammlungen übrig habe, wie sie in den Katakomben, im Père Lachaise, Mount Auburn und sogar auf diesem Friedhof in Dunstable zu finden sind. Auf jeden Fall kann nur sehr hohes Alter Friedhöfe für mich interessant machen. Ich habe dort keine Freunde. Ich bin wohl nicht der richtige Mann, um Gräber zu besingen. Der Bauer, der seinen Boden ausgeschöpft hat, könnte vielleicht seinen Leib der Natur anheimgeben, damit er wieder eingepflügt und bis zu einem gewissen Grad die Fruchtbarkeit wiederhergestellt werde. Wir sollten den Haushalt der Natur nicht hemmen, sondern fördern. (I, 1, 178)

Am Nachmittag nach dem Schiffbruch sahen wir das Grabgeleit aus einer gewissen Entfernung; voran ging der Kapitän mit den anderen Überlebenden.
Im großen und ganzen war es kein so eindrückliches Schauspiel, wie ich erwartet hatte. Hätte ich den Leichnam an einem einsamen Ort am Strande aufgefunden, so hätte mich das stärker berührt. Ich war eher auf der Seite der Winde und der Wellen, als sei es etwas ganz Gewöhnliches, wenn diese armen menschlichen Körper herumgeschleudert und entstellt würden. Wenn das das Gesetz der Natur war, warum Zeit auf Ehrfurcht oder Mitleid verschwenden? Wenn der Jüngste Tag kommt, sollten wir nicht so sehr an die Trennung von unseren Freunden oder die Vernichtung des Ein-

zelnen denken. Ich dachte daran, daß sich wie auf einem
Schlachtfeld die Leichen vermehren ließen, bis sie uns nicht
mehr als Ausnahme vom allgemeinen Los der Menschheit
erschienen. Nimm alle Friedhöfe zusammen; sie sind immer
in der Mehrheit. Es ist das Individuelle und das Private, das
unsere Sympathie verlangt. Ein Mann kann im Laufe seines
Lebens nur *einen* Leichenzug mitmachen, nur *eine* Leiche sehen. Doch bemerkte ich, daß die Einwohner des Küsten-
strichs von diesem Ereignis tief berührt waren. Sie hielten
viele Tage und Nächte lang Ausschau, ob die See ihre Toten
hergebe, und ihre Gedanken und ihre Zuneigung traten an
die Stelle jener Trauernden, die weit weg waren und noch
nichts von diesem Wrack wußten. Viele Tage später sah einer, der am Strand umherschlenderte, etwas Weißes im Wasser treiben. Ein Boot hielt darauf zu, und man fand den
Leichnam einer Frau, die in aufrechter Haltung einhertrieb,
und deren weiße Haube der Wind zurückblies. Ich sah ein,
daß die Schönheit der Küste für manch einsamen Spaziergänger zerstört war, bis er schließlich zu erkennen vermochte, daß sie durch Treibgut gleich diesem eine noch erhabenere und höhere Schönheit annahm.
Warum sich um diese toten Leiber kümmern? Sie haben
wirklich keine Freunde außer den Würmern und Fischen.
Ihre Besitzer kamen wie Kolumbus und die Pilgerväter in die
Neue Welt; sie waren eine Meile vom Ufer entfernt; aber
bevor sie es erreichen konnten, wanderten sie in eine neuere
Welt aus, neuer als die, von der Kolumbus träumen konnte,
aber in eine, für deren Existenz, wie wir glauben, viel umfas-
sendere und überzeugendere Beweise vorliegen, als Kolumbus sie besaß, wenn auch die Wissenschaft noch nicht darauf
gekommen ist: nicht einfach Erzählungen von Seeleuten und
etwas armseliges Treibholz und Tang, sondern eine unauf-
hörliche Strömung zu allen unseren Ufern. Ich sah, wie ihre
leeren Hülsen an Land kamen; aber sie selbst waren unter-

dessen an einem Ufer noch weiter im Westen angetrieben, einem Ufer, zu dem alle hinstreben und das wir schließlich erreichen werden, vielleicht wie sie in Sturm und Finsternis. Ohne Zweifel haben wir Grund, Gott zu danken, daß sie nicht wieder »Schiffbruch ins Leben hinein« erlitten. Der Seemann, der den sichersten Hafen im Himmel findet, ist vielleicht für seine Freunde auf Erden das Opfer eines Schiffbruchs, denn sie halten den Hafen von Boston für einen besseren Ort. Aber vielleicht kommt, unsichtbar für sie, ein kundiger Lotse, um ihn abzuholen, und die lauesten und sanftesten Winde wehen von dieser Küste, sein gutes Schiff erreicht das Land an halkyonischen Tagen, und verzückt küßt er das Ufer, während sein Hulk hier in der Brandung hin- und hergeworfen wird. Es ist schwer, sich von seinem Leib zu trennen, aber es ist sicher leicht genug, ohne ihn auszukommen, wenn er einmal nicht mehr da ist. (II, 2, 11)

Gegenstände am Ufer, ob Menschen oder unbeseelte Dinge, sehen nicht nur äußerst grotesk aus, sondern auch viel größer und wunderbarer, als sie es tatsächlich sind. Als ich mich letzthin dem Ufer näherte, sah ich in einer Entfernung, die ich auf eine halbe Meile schätzte, etwas, das wie eine große, zerklüftete Klippe aussah, fünfzehn Fuß hoch und von der Sonne und den Wellen weißgewaschen, aber nach einigen Schritten stellte es sich als nicht mehr denn ein Haufen Lumpen heraus, kaum höher als ein Fuß, Teil der Ladung eines schiffbrüchigen Schiffes. Ich war auch einmal auf der Suche nach den Resten eines menschlichen Körpers, der durch Haifische verunstaltet und eine Woche nach dem Schiffbruch gerade an Land gespült worden war; in etwa ein oder zwei Meilen Entfernung seien, sagte man mir, ein Dutzend Stangen zu sehen, die mit einem Tuch überdeckt seien. Ich erwartete, daß ich sehr genau zusehen müßte, um einen so kleinen Gegenstand zu finden, aber der Sandstrand, der eine halbe

Meile breit war und sich weiter ausdehnte, als das Auge reichen konnte, war so vollkommen glatt und nackt, und das Meer vergrößerte die Dinge so sehr, daß mir aus etwa einer halben Meile Entfernung das unbedeutende Stück Holz, das den Ort markierte, wie die gebleichte Rippe eines Schiffs vorkam, und die Überbleibsel waren so hervorstechend, als wären sie auf dieser sandigen Ebene aufgebahrt worden oder als hätte eine ganze Generation von Menschen dort gearbeitet, um ein Hügelgrab aufzurichten. Aus der Nähe waren es nur einige Gebeine mit etwas Fleisch, das ihnen noch anhing, nichts als eine kleine Unregelmäßigkeit in dem mächtigen Bogen der Küste. Es war weiter nichts Bemerkenswertes an ihnen, und sie beleidigten Sinne und Einbildungskraft in bemerkenswert geringem Maße. Als ich dort stand, wurden sie immer eindrücklicher. Sie waren allein mit dem Strand und dem Meer, dessen hohles Rauschen sich an sie zu wenden schien, und ich hatte den Eindruck, zwischen ihnen und dem Ozean bestehe ein Einverständnis, von dem ich mit meinen weinerlichen Sympathien notwendigerweise ausgeschlossen sei. Dieser Leichnam hatte das Ufer in Besitz genommen und herrschte darüber im Namen einer gewissen ihm innewohnenden Majestät, wie kein Lebender es zu tun vermochte. (II, 2, 107)

Was ist das an der Musik, das uns in unseren Tiefen aufwühlt? Wir alle sind gewöhnlich in einem Zustand der Verzweiflung. So ist unser Leben; es treibt uns oft in den Selbstmord. Für viele, vielleicht für die meisten, ist das Leben kaum zu ertragen, und wäre nicht die Furcht vor dem Tode oder dem Sterben, wie viele begingen sofort Selbstmord! Hören wir aber Musik, so werden wir alsbald eines Lebens gewahr, von dem kein Mensch uns etwas erzählt hat und das kein Prediger predigt.
Soll ich getreulich beschreiben, was eine musikalische Weise

in mir wachruft? Das Feld meines Lebens wird zu einer gren-
zenlosen Ebene, auf der zu wandeln eine Wonne ist – und
kein Tod und keine Enttäuschung am Ende. (IV, 2, 181)

H. D. Thoreau
im Diogenes Verlag

Walden oder Leben in den Wäldern

Aus dem Amerikanischen von Emma Emmerich
und Tatjana Fischer. Mit einem Vorwort
von Walter E. Richartz. Anmerkungen,
Sach- und Namenregister sowie Zeittafel

*»Wenn jemand vertrauensvoll in der Richtung
seiner Träume vorwärts schreitet und danach
strebt, das Leben, das er sich [vorstellt], zu leben,
so wird er Erfolge haben, von denen er sich in
gewöhnlichen Stunden nicht träumen ließ.«*

150 Jahre trennen uns von dem amerikanischen Essay-
isten, Philosophen, Naturbeobachter und Revolutio-
när Henry David Thoreau (1817–1862). Nur 150 Jahre, denn wenn es um Glück und die Frage geht ›Wie
soll und will ich leben?‹, ist Thoreau Zeitgenosse.

Als Mitte des 19. Jahrhunderts alle Welt dem Ruf ›Go
West‹ zu Gold und neuen Territorien folgte, machte
sich Thoreau daran, eine andere Reiseroute zu entdecken: jene zum eigenen Ich. Ausgerüstet mit Hammer,
Nägeln, gebrauchten Brettern und zwei Glasfenstern
zog er am amerikanischen Unabhängigkeitstag an den
Waldensee direkt vor seinem Heimatstädtchen Con-
cord/Massachusetts. Dort baute er für zwei Jahre,
zwei Monate und zwei Tage eine Hütte – ein »Experiment«, keine Naturschwärmerei. *»Ich zog in den
Wald, weil ich den Wunsch hatte, dem wirklichen Leben näher zu treten, damit ich nicht, wenn es zum Sterben ginge, einsehen müsste, dass ich nicht gelebt hatte.«*

Walden oder Leben in den Wäldern ist das Buch dieses Experiments. Thoreau zeigt darin, dass der Weg zu
sich selbst bei den einfachen Dingen und einer gelasse-
neren Gangart beginnt. Kunstvoller Essay und erzäh-
lende Prosa in einem, von einer sprachlichen Unmit-

telbarkeit wie das Tagebuch, aus dem es entstand, ist *Walden* eine höchst vergnügliche Lektüre und eine aus elementaren Erfahrungen gespeiste Anleitung zum Glücklichsein.

Egon Friedell nannte Thoreau einen neuen Franz von Assisi, die Literaturgeschichte vergleicht ihn mit Montaigne. Hermann Hesse über *Walden*: »Die amerikanische Literatur, so kühn und großartig sie ist, hat kein schöneres und tieferes Buch aufzuweisen.«

Auszüge aus *Walden* auch als
Diogenes Hörbuch erschienen:
Wo und wofür ich lebte,
gelesen von Burghart Klaußner

Über die Pflicht zum Ungehorsam gegen den Staat
Civil Disobedience

Ein Essay. Zweisprachige Ausgabe
Deutsch von Walter E. Richartz
Mit einem Nachwort von Manfred Allié
Mit Anmerkungen und einer Zeittafel

Eine Freiheitslehre von großer Wirkung und großer Poesie und eines jener Bücher, die die Welt verändern.

»Wenn ein Mensch frei ist in seinen
Gedanken, frei in seiner Phantasie und seiner
Vorstellung, also in den Dingen, die nie
für lange Zeit leblos bei ihm bleiben, dann
können unkluge Herrscher oder
Reformapostel ihm nie gefährlich in
die Quere kommen.«

Von Thoreau 1849 aus Protest gegen die amerikanische Eroberungs- und Sklavenpolitik veröffentlicht, ist *Über die Pflicht zum Ungehorsam gegen den Staat* ein zeitlos gültiges Pamphlet – scharfzüngig und ironisch, kompromisslos in den Thesen und gleichzeitig von großer poetischer Kraft.

»Thoreau macht ganz deutlich: ›Gewaltloser Widerstand‹, das heißt nicht einfach Protest gegen staatliche Willkür; es heißt: Anwendung des Judo-Prinzips in der Politik.« *Walter E. Richartz*

»Mahatma Gandhi verteilte die Schrift wie ein Lehrbuch unter seine Schüler; Anhänger der amerikanischen Bürgerrechts-Bewegung trugen sie im Marschgepäck.« *Der Spiegel, Hamburg*

»Der Essay stellt die beunruhigendste aller Existenzfragen: Wie sollen wir leben in einer Gesellschaft, die das Menschsein immer schwieriger macht?«
Howard Zinn

Auch als Diogenes Hörbuch erschienen,
gelesen von Helmut Qualtinger

Vom Spazieren

Essay. Deutsch von
Dirk van Gunsteren

*»Ich möchte zugunsten der Natur sprechen,
zugunsten absoluter Freiheit und Wildheit…«*

Der Streifzug durch die Natur als Lebensmodell: Für Thoreau stellt das tägliche Unterwegssein in der Natur eine Notwendigkeit dar, real wie auch übertragen – Spazieren durch die wilde Natur als Versuch, auch in sich zum Lebendigsten vorzudringen.

»Es war ein Vergnügen und ein Privileg, mit ihm zu spazieren. Er kannte das Land wie ein Fuchs oder ein Vogel. Man musste sich seiner Führung blind anvertrauen – und wurde dafür großartig belohnt.«
Ralph Waldo Emerson

»Thoreau ging in den Wald, um ›die schwierige Kunst des Lebens zu üben‹, und davon gibt er in kunstvollen Essays Rechenschaft.«
Hanns W. Eppelsheimer / Handbuch der Weltliteratur

»Die Verbindung von Thoreaus pazifistischem Denken und seiner alternativen Lebensführung im Einklang mit der Natur hatte nachhaltigen Einfluss auf Autoren wie Allen Ginsberg oder Jack Kerouac bzw. Hermann Hesse in Deutschland.«
Buchmedia Magazin, Wien

Denken mit Henry David Thoreau

Von Natur und Zivilisation,
Einsamkeit und Freundschaft,
Wissenschaft und Politik
Ausgewählt, übersetzt und mit einem Vorwort
von Philipp Wolff-Windegg

Während *Walden* und der berühmte Essay *Über die Pflicht zum Ungehorsam gegen den Staat* auf deutsch vorliegen, sind die übrigen Essays und die Tagebücher hierzulande nahezu unbekannt. Thoreau hat Tausende Seiten an Tagebucheinträgen hinterlassen, in denen er botanische, zoologische und meteorologische Beobachtungen notierte, archäologische Funde und was ihm sonst bei seinen Streifzügen durch die Natur auf- und einfallen mochte. Neben weit ausgreifenden Reflexionen von verblüffender Originalität finden sich Aperçus, neben gesellschaftskritischen Betrachtungen liebevoll detaillierte Beschreibungen. Diese Auswahl vermittelt einen lebendigen Eindruck von einer der eigenwilligsten Gestalten der amerikanischen Literatur.

»Thoreau ist ein so brillanter Stilist, dass wir das Gefühl haben, dass uns ein Geist voranfliegt, funkenschlagend, gleißend, leuchtend und scheinbar so mühelos wie ein dahingaukelnder Schmetterling.«
Joyce Carol Oates

Ralph Waldo Emerson
im Diogenes Verlag

1803 in Boston geboren, beendete Ralph Waldo Emerson nach drei Jahren seine Berufstätigkeit als Prediger. »Wer ein Mensch sein will, der muß Nonkonformist sein« – so die Überzeugung, der er folgte. Er selbst nannte seine Gedanken ›Kinder des Waldes‹, seine an Montaigne geschulten Essays galten als die intellektuelle Unabhängigkeitserklärung Amerikas. Schon zu Lebzeiten wurde er als Prophet verehrt, sein Tod 1882 von ganz Amerika betrauert.

Natur

Herausgegeben
und aus dem Amerikanischen übertragen
von Harald Kiczka
Mit einem Nachruf auf Emerson
von Herman Grimm

»Zu Lebzeiten als Prophet verehrt, bei seinem Tod von ganz Amerika betrauert, war Emersons Einfluß auch in Deutschland groß. Seine Theorie der Natur, des Lebendigen, der Schöpfung ist kein System der Naturwissenschaft, sondern der Versuch, alles Sichtbare in einfache Kategorien zu bringen und den Menschen in den Mittelpunkt zu stellen. Die Souveränität der Persönlichkeit, der unabhängige Mensch war sein Anliegen.« *Österreichischer Rundfunk, Wien*

»Es ist zwecklos, ja unmöglich, Emersons Philosophie zu reproduzieren oder zu erläutern, denn wie ein Kristall oder eine Landschaft beschreibt und kommentiert er sich selbst. Seine Sätze sind da, unvorbereitet, undiskutierbar, gleich Matrosensignalen aus einer nebelhaften Tiefe. Man kann Emerson nicht widersprechen. Seine überzeugende Kraft beruht ja eben darauf, daß er alles aus seinem inneren Diktat schöpft und nichts dazutut. Er hält still, lauscht auf sein Herz und schreibt mit.« *Egon Friedell*

»Ich sehe in ihm eines der wertvollsten Vermächtnisse des nachgoetheschen Jahrhunderts.«
Ernst Robert Curtius

Von der Schönheit des Guten

Betrachtungen und Beobachtungen
Ausgewählt, übertragen und mit einem Vorwort von
Egon Friedell. Mit einem Nachwort
von Wolfgang Lorenz

»Seine Gedanken sind heute für uns jung, denn sie kommen aus einem Weltteil, der sich rascher und unter anderen Bedingungen entwickelt hat als der unsrige. Aber sie werden auch in späteren Zeiten niemals altern und den Zeitgeschmack überdauern, denn Emerson schöpft aus zwei Quellen, die immer frisch bleiben: aus der Natur und aus seinem Herzen. Daher hat er allen Menschen und allen Zeiten etwas zu sagen.« *Egon Friedell*

»Emerson hat jene gütige und geistreiche Heiterkeit, welche allen Ernst entmutigt; er weiß es schlechterdings nicht, wie alt er ist und wie jung er noch sein wird.« *Friedrich Nietzsche*

Walt Whitman
Grashalme

Nachdichtung von
Hans Reisiger
Mit einem Essay von
Gustav Landauer

»Die Intensität dieses Werkes ist so stark, daß eine Strophe schon berauscht, eine Seite schon lebenstrunken macht: in dem kleinsten seiner Gedichte, in einer Zeile schon ist Whitman ja immer enthalten, so wie ganze Wälder in einem Samenkorn. Aber die volle Breite seines Werkes, die Fülle, die Vehemenz seiner Dichtung vermögen in Deutschland jene, denen die Originale nicht zugänglich sind, erst heute kennenzulernen an der umfassenden Ausgabe, die Hans Reisiger – Dank ihm, innigsten Dank! – nun endlich meisterlich zu Ende geführt.« *Stefan Zweig*

»Was Melville und Twain für den amerikanischen Roman taten, gelang Whitman für die Lyrik der Neuen Welt: die Emanzipation von Europa, der Triumph der Vitalität, eine autochthone Sprache, ein nationaler Kosmos.« *Rolf Geisler*

»Für mich ist dieses Werk ein wahres Gottesgeschenk, denn ich sehe wohl, daß, was Whitman Demokratie nennt, nichts anderes ist, als was wir, altmodischer, Humanität nennen; wie ich auch sehe, daß es mit Goethe allein denn doch nicht getan sein wird, sondern daß ein Schuß Whitman dazu gehört, um das Gefühl der neuen Humanität zu gewinnen.«
Thomas Mann

»*Grashalme* sind Gedichte, wie die Psalmen Gedichte sind, Eruptionen, deren Poesie in ihrer Kraft und Ursprünglichkeit liegt.« *Egon Friedell*

Michel de Montaigne
im Diogenes Verlag

Essais
[Versuche]
nebst des Verfassers Leben, nach der
Ausgabe von Pierre Coste ins Deutsche
übersetzt von Johann Daniel Tietz

3 Bände im Schuber oder in Kassette. Diese Ausgabe bringt alle
Essais, eine Biographie Montaignes, Briefe Montaignes,
Etienne de la Boéties »Von der freiwilligen Dienstbarkeit«,
Kritiken zu den Essais sowie ein ausführliches Personen-
und Stichwortregister. Neuausgabe der 1753/54
erschienenen deutschen Erstausgabe

»Ein publizistisches Glanzstück: In einer prachtvoll
ausgestatteten, typographisch vorzüglichen dreibändi-
gen Edition legt der Diogenes Verlag Tietz' Übersetzung auf, die selbst Fachleuten kaum gegenwärtig war.«
Rainer Moritz / Rheinischer Merkur, Bonn

»Ein bezauberndes Buch sind die *Essais* dieses Republi-
kaners mit monarchistischen Neigungen, dieses Chri-
sten mit heidnischer Gesinnung, dieses Renaissance-
Menschen und Humanisten mit dem mittelalterlichen
Gottvertrauen, der schon die Aufklärung ankündigt.
Ein großes Lese- und Lehrbuch vom richtigen Leben.«
Rolf Michaelis / Die Zeit, Hamburg

»Diese genialen ›Versuche‹ sind frisch wie am ersten
Tag.« *Gert Ueding / Die Welt, Berlin*

Tagebuch einer Reise nach Italien
über die Schweiz und Deutschland

Aus dem Französischen von Ulrich Bossier
Mit einem Vorwort von Wilhelm Weigand

In seinem erst 1770 in einer verstaubten Truhe wie-
derentdeckten Tagebuch hält Michel de Montaigne un-
voreingenommen die zahlreichen Begegnungen, frem-

den Landschaften und ungewohnten Sitten fest, denen er 1580–81 auf seiner Bade- und Kulturreise mit neugierigem Blick begegnete: So lobt er das deutsche Essen, wohnt einer Teufelsaustreibung und einer öffentlichen Hinrichtung bei, erhält in Rom eine päpstliche Audienz und besucht Kurtisanen, allerdings – so versichert er uns – nur, um mehr über deren erotische Künste zu erfahren, nicht aber um diese selbst zu genießen.
Die vortreffliche Neuübersetzung von Ulrich Bossier erschien erstmals 2005.

»Um sich frei zu machen, reist Montaigne. Er reist, wenn man so sagen darf, der Nase nach. Er vermeidet auf der Reise alles, was an eine Verpflichtung erinnert. Die Straße soll ihn führen, wohin sie ihn führt, die Stimmung treiben, wohin sie ihn treibt.«
Stefan Zweig

Über Montaigne

Aufsätze und Zeugnisse von Blaise Pascal, Johann Wolfgang Goethe, Ralph Waldo Emerson, Charles Augustin Sainte-Beuve, Friedrich Nietzsche, André Gide, Heinrich Mann, Hermann Hesse, Egon Friedell, Stefan Zweig, Richard Friedenthal, Elias Canetti, Herbert Lüthy, Mathias Greffrath u. a. Mit Zeittafel und Bibliographie. Herausgegeben von Daniel Keel.

»Wer sich über Montaigne orientieren will, kann dies in einem Band mit dem Titel *Über Montaigne* tun, den Daniel Keel herausgegeben hat und der parallel zur Edition der *Essais* erschienen ist. Hier findet der Leser eine Reihe von wichtigen Aufsätzen, die einen guten Zugang zu dem französischen Denker ermöglichen. Einige interessante Texte sind nachgedruckt, wie zum Beispiel der von Max Horkheimer über ›Montaigne und die Funktion der Skepsis‹ von 1938, der die sozialen und historischen Hintergründe skizziert, aus denen der Skeptizismus hervorgeht. Die Zeit der großen äußeren Unsicherheit ist die Zeit, in der eine Lebens-

kunst erforderlich ist. Stefan Zweig ist auf diesen Aspekt besonders aufmerksam, und der Anlaß ist für ihn derselbe wie für Horkheimer: Mitten im Zweiten Weltkrieg schreibt er seinen Aufsatz über Montaigne – auch er ist hier nachgedruckt – und bekennt, daß er ihm jetzt am ›hilfreichsten‹ scheine, wo die Welt im Aufruhr ist. Eine bessere und liebevollere Einführung kann man nicht finden. Sie stellt den Denker dar, der sich zu seinem Beruf die Kunst des Lebens gewählt hat.«
Wilhelm Schmid / Norddeutscher Rundfunk, Hannover

Mathias Greffrath
Montaigne heute
Leben in Zwischenzeiten

Die *Essais* von Michel de Montaigne ›liest‹ man nicht einfach: Man ›begegnet‹ ihnen. Mathias Greffrath begegnet Montaigne wie einem väterlichen Freund – mit dem man über alles sprechen kann. Unbefangen nimmt er von ihm, was ihm brauchbar erscheint für unseren eigenen Umgang mit der Welt und mit uns selber. So macht er Gebrauch von ebenjener Freiheit, die Montaigne für sich selbst in Anspruch nahm. Montaignes *Essais* erweisen sich auch nach Jahrhunderten noch so frisch wie am ersten Tag. Mathias Greffrath erlaubt sich, dort weiterzudenken, wo Montaigne einen Punkt setzte: Zwischen die Auszüge aus Montaignes *Essais* schiebt er acht eigene Essays, die immer wieder der Frage nachgehen: Wie soll man heute leben? Was sagt uns Michel de Montaigne heute?

»Mathias Greffrath entwirft auf doppelt blitzgescheite Weise ein Montaigne-Panorama: Er orientiert sich an den zwei grundlegenden Übersetzungen aus dem 18. Jahrhundert (J. J. Bode, J. D. Tietz), aus denen er heutiges Deutsch ohne geschraubtes Philologengestelze, aber auch ohne modischen Jargon formt.«
Abendzeitung, München

Wilhelm Weigand
Michel de Montaigne

Eine Biographie

»An deutschsprachiger Literatur zu Michel de Montaigne sei verwiesen auf den *Montaigne* von Wilhelm Weigand, der vor allem als Biographie wertvoll ist.«
Herbert Lüthy

»Es gibt auf der ganzen Welt kaum ein zweites Buch, das so sehr zum Abenteuer der Selbsterkenntnis ermuntert und das Denken über Zeit und Ewigkeit so sehr anregt wie die *Essais* des Michel de Montaigne. Es ist uns hier ein geistiges und moralisches Tonikum ohnegleichen geschenkt worden. Der amerikanische Philosoph Ralph Waldo Emerson nannte diesen großen Sucher und Denker den freimütigsten und ehrlichsten Schriftsteller der Welt. Dieses Urteil aus dem 19. Jahrhundert über einen Mann im Übergang vom 16. zum 17. Jahrhundert hat noch heute ungebrochene Gültigkeit. Dabei hat Montaigne mehr für sich als für andere geschrieben, aber was ihm guttat, tut es uns erst recht. Die Existenz Michel de Montaignes zu durchleuchten ist von vielen versucht worden. In deutscher Sprache kommt kein anderer Versuch der Biographie von Wilhelm Weigand gleich.«
Oberösterreichische Zeitung, Linz

Sue Hubbell
Leben auf dem Land

Aus dem Amerikanischen
von Barbara Heller
Mit einem Nachwort
von J. M. G. Le Clézio

Haben Sie schon einmal den sanften Wind gespürt, wenn sechzigtausend Bienen ihre Flügel schlagen? Wussten Sie, dass Fledermäuse sich nicht nur untereinander, sondern auch mit Nachtfaltern – also ihrem Abendessen – unterhalten? Dass brave Haushunde sich in Kojotinnen verlieben können?

Als nach dreißig Jahren ihre Ehe zu Ende ging, saß Sue Hubbell plötzlich allein auf ihrer Bienenfarm im nördlichen Missouri. Die Natur, die sie umgab, bedeutete nicht nur Trost (und viel Arbeit): Sie zeigte Sue Hubbell, dass es letztlich darum geht, seinen Platz darin zu finden. Mit lakonischem Humor berichtet die schreibende Imkerin von ihren fünf Jahreszeiten auf dem Land und öffnet uns die Augen für dessen Schönheit, Poesie und manchmal fast komisch anmutende Perfektion.

»Ich habe oft von einem Buch geträumt, das von den sichtbaren und unsichtbaren Geheimnissen der Welt handeln würde. Dies ist so ein Buch.«
J. M. G. Le Clézio in seinem Nachwort

»Eines der meistgeliebten Bücher über das Leben auf dem Land.« *Los Angeles Times*

»Was für ein schönes Buch, ganz unsentimental und trotzdem Balsam für die Seele.« *Donna Leon*

Das
literarische
Taschenbuch

Ingrid Noll
Der Mittagstisch
Roman · Diogenes

detebe 24370, 224 Seiten
€ (D) 12.–/sFr 16.–*/€ (A) 12.40

Bernhard Schlink
Die Frau auf der Treppe
Roman · Diogenes

detebe 24333, 256 Seiten
€ (D) 12.–/sFr 16.–*/€ (A) 12.40

Paulo Coelho
Untreue
Roman · Diogenes

detebe 24348, 320 Seiten
€ (D) 11.–/sFr 15.–*/€ (A) 11.40

Nelly, Mitte dreißig, alleinerziehend, wird von Matthew absolviert. Nun tischt sie für zahlende Mittagsgäste auf, darunter verschiedene Männer: vom ungewöhnlichen Kapitän bis hin zu einem ebenso hübschen wie patenten Elektriker. Leider ist er in Begleitung. Doch die hat eine Erdnussallergie…

Das berühmte Bild einer Frau, lange verschollen, taucht plötzlich wieder auf. Überraschend für die Kunstwelt, aber auch für die drei Männer, die diese Frau einst liebten – und sich von ihr betrogen fühlen. Ein Roman über Rechthaben und Mitleiden, Besitz und Verlust, echte und falsche Nähe. Und über das Glück einer Liebe, die um ihre Endlichkeit weiß.

Ich will dir treu sein und dich ewig lieben. In guten wie in schlechten Zeiten. Bis dass der Tod uns scheidet. Wenn es nur so einfach wäre! Linda hat alles, doch das Entscheidende fehlt. Hat sie den Mut, die Frage nach der Leidenschaft zu stellen? Denn zu einer großen Liebe ist man ein Leben lang unterwegs.

Neue Literatur

János Székely
Verlockung
Roman · Diogenes

detebe 24363, 992 Seiten
€ (D) 14.–/sFr 19.–*/€ (A) 14.40

Die Geschichte des Bauernjungen Béla, der als Liftboy in einem Budapester Grandhotel eine vom nahen Untergang gezeichnete Welt kennenlernt, ist ein ebenso düsteres wie schillerndes Tableau des Ungarn der Zwischenkriegszeit.

Illustration: © Jean-Jacques Sempé

detebe 24352, 160 Seiten
€ (D) 10.–/sFr 13.–*/€ (A) 10.30

Eine neue Spezies wächst heran: die Liegenden. Verwundert beobachtet ein Vater seinen 18-jährigen Sohn. Er lebt auf dem Sofa, online verbunden mit aller Welt – außer mit seinem Erzeuger. Sein Vater schaut über den Abgrund zwischen den Generationen und fragt sich: Wer bin ich? Und wer ist der Alien dort drüben?

detebe 24366, 320 Seiten
€ (D) 13.–/sFr 17.–*/€ (A) 13.40

Eigentlich möchte Jonas Brand nur sein Filmprojekt ›Montecristo‹ verwirklichen. Doch dann gerät der Journalist immer tiefer in eine Sache, die größer ist als jeder Blockbuster – mit immensen Folgen für unser Finanzsystem. Ein aktueller, hochspannender Thriller aus der Welt der Banker, Börsenhändler, Journalisten und Politiker.

detebe 24270, 736 Seiten
€ (D) 15.–/sFr 20.–*/€ (A) 15.50

Auf der Laienbühne seines Großvaters in Vermont lernt William, dass gewisse Rollen sehr gefährlich sind. Und dass Menschen, die er liebt, manchmal ganz andere Rollen spielen, als er glaubt: so wie die geheimnisvolle Bibliothekarin Miss Frost. Denn wer sich nicht in Gefahr begibt, wird niemals erfahren, wer er ist.

detebe 24377, 224 Seiten
€ (D) 12.–/sFr 16.–*/€ (A) 12.40

Familienrecht ist das Spezialgebiet der Richterin Fiona Maye. In ihrer eigenen, kinderlosen Ehe ist sie seit über dreißig Jahren glücklich. Bis zu dem Tag, als ihr Mann ihr einen schockierenden Vorschlag unterbreitet und ihr ein dringlicher Gerichtsfall vorgelegt wird, in dem es für einen 17-jährigen Jungen um Leben und Tod geht.

Paperback 30020, 464 Seiten
€ (D) 16.–/sFr 21.–*/€ (A) 16.50

Sie haben sich dreimal gesehen, sie haben sich noch nie berührt, aber sie werden heiraten: die neunzehnjährige Chani Kaufman und der angehende Rabbiner Baruch Levy. Doch wie geht Ehe, wie geht Glück? Eine fast unmögliche Liebesgeschichte in einer Welt voller Regeln und Rituale.

detebe 24376, 224 Seiten
€ (D) 12.–/sFr 16.–*/€ (A) 12.40

Er betreibt sein Metier in den belebten Straßen Tokios und den überfüllten Wagen der U-Bahn. Er stiehlt mit kunstvollen, fließenden Bewegungen. Der Diebstahl ist der Kick in seinem Leben, das Gefühl, seinem Schicksal zu entrinnen – für den Moment. Doch seine dunkle Vergangenheit holt ihn wieder ein. Ein grandioser Thriller.

detebe 24353, 464 Seiten
€ (D) 14.–/sFr 19.–*/€ (A) 14.40

Auge um Auge, Zahn um
Zahn – ein Roman über
Leidenschaft und Untreue,
Rache und deren Sühne.
Die Familie Tavori betreibt
im Norden Israels in der
dritten Generation eine
Gärtnerei. Es sind Menschen,
die ihren Instinkten und
Emotionen folgen: ihrer Lie-
be ebenso wie ihrem Hass.
Eine erschütternde Familien-
saga.

detebe 20392, 176 Seiten
€ (D) 10.–/sFr 13.–*/€ (A) 10.30

Der Erzähler schwebt mit
einer dicken Frau und einem
Piloten im Ballon über das
Land der Eidgenossen und
landet da und dort in verschiedenen Kantonen.
Er erzählt vom schweizeri-
schen Familienleben, von den
Gasthäusern, von Originalen
und Streckenwärtern, Ski-
touristen und Liebespaaren.

detebe 24361, 128 Seiten
€ (D) 10.–/sFr 13.–*/€ (A) 10.30

Fünf Novellen, die im
Südwesten von Berlin spielen
und durch die sich der
Teltowkanal mit seinen
schwarzen Krähen, versteck-
ten Villen und unwegsamen
Waldstücken wie ein roter
Faden zieht.
Fünf Geschichten über exis-
tentielle Verstörungen und
die Bruchstellen im Leben.

detebe 24367, 160 Seiten
€ (D) 10.–/sFr 13.–*/€ (A) 10.30

Juli, eine Schriftstellerin
mit exzentrischen Freunden
und überlebensgroßen
Träumen, bleiben zwölf Tage,
bis sie Jakob wiedersieht –
den Mann, der ihr das Herz
gebrochen hat. Das Porträt
einer eigenwilligen jungen
Frau in zwölf verrückten und
skurrilen Begegnungen.

detebe 21387, 240 Seiten
€ (D) 12.–/sFr 16.–*/€ (A) 12.40

Die Geschichte des
linkischen katholischen
Jugendlichen Cal und von
Marcella, die er zum Lachen
bringen kann, im vom
Bürgerkrieg zerrissenen
Nordirland.
Eine starke, ergreifende
Liebesgeschichte.

detebe 24309, 512 Seiten
€ (D) 13.–/sFr 17.–*/€ (A) 13.40

Eine Stadt wird in Atem
gehalten, die Politik steht
kopf. In Leon de Winters
großem Welttheaterroman
ziehen nicht nur erfundene,
sondern auch real exis-
tierende Protagonisten die
Fäden. Ein turbulent ironisch
verspielter Roman, in dem
der Autor gekonnt Facts und
Fiction vermischt.

Neue Literatur

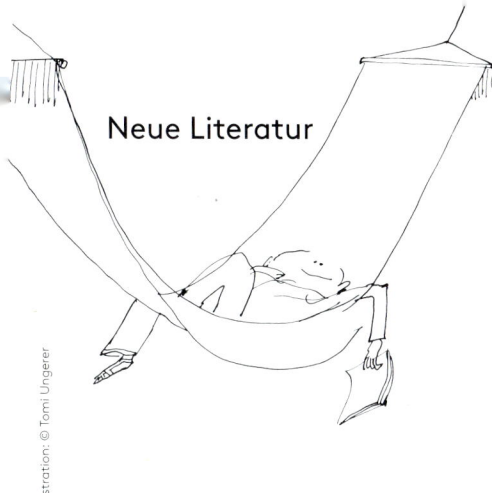

Illustration: © Tomi Ungerer

detebe 24280, 288 Seiten
€ (D) 12.–/sFr 16.–*/€ (A) 12.40

Motti Wolkenbruch ist ein junger orthodoxer Jude aus Zürich, der sich zum Entsetzen seiner Familie in eine Schickse, eine Nichtjüdin, verliebt. Ein Einblick in eine unbekannte Welt, eine berührende und schelmische Geschichte – mit jiddischem Wortwitz und unwiderstehlichem Humor.

detebe 24369, 800 Seiten
€ (D) 14.–/sFr 19.–*/€ (A) 14.40

Eine universelle Geschichte über einen jungen Menschen auf der Suche nach Erfolg und seinem Platz im Leben. Isaac, Sohn jüdischer Einwanderer aus Litauen, steht zwischen Tradition und Aufbruch. In den späten 1930er-Jahren trifft er in seiner neuen Heimat Südafrika eine schicksalhafte Entscheidung.

detebe 24086, 352 Seiten
€ (D) 10.90/sFr 16.90*/€ (A) 11.30

Genug studiert – nun will er leben: Eine monatelange Reise führt den jungen Arthur Schopenhauer von Dresden nach Venedig, von Goethe zu Lord Byron, über schroffes Gebirge und weite Täler ins Labyrinth der Kanäle, in den Strudel der Wirklichkeit – und zu Teresa.

detebe 24362, 192 Seiten
ca. € (D) 10.–/sFr 13.–*/€ (A) 10.30

Fragen, denen sich jeder mindestens einmal im Leben stellen muss. Zur diskreten Selbsterforschung oder als amüsantes Gesellschaftsspiel. Fragen, die belustigen, die unter die Haut gehen, unerwartete, hinterhältige Fragen: zum Lauf der Welt, zu Liebe, Sex, Erfolg, Karriere, Alter, Tod, Gott und Glück.

Neue Literatur

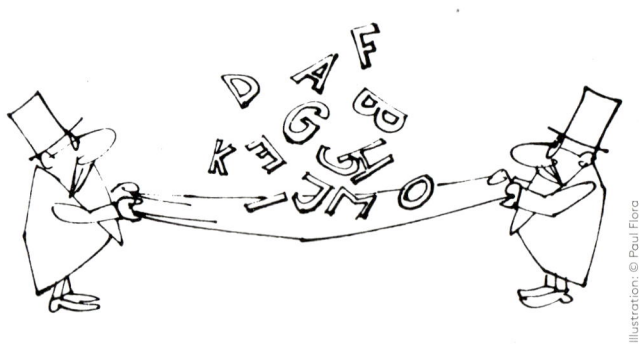

Illustration: © Paul Flora

Anthony McCarten
funny girl

Roman · Diogenes

detebe 24316, 384 Seiten
€ (D) 13.–/sFr 17.–*/€ (A) 13.40

Junge Londonerin zu ihren
kurdischen Eltern: »Ich habe
eine gute und eine schlechte
Nachricht. Die schlechte:
Ich werde Stand-up-Comedi-
an. Die gute: Ich trage ab
heute Burka – allerdings
nur auf der Bühne.«
Eine hochexplosive multikul-
turelle Gesellschaftskomödie,
so berührend und packend
wie *Englischer Harem*.

Fabio Volo
*Einfach
losfahren*

Roman · Diogenes

detebe 24081, 288 Seiten
€ (D) 11.–/sFr 15.–*/€ (A) 11.40

Leben wie ein Straßenbahn-
fahrer? Mit vorgegebener
Strecke und genau festgeleg-
tem Fahrplan? Will Michele
das wirklich? Federico jeden-
falls nicht. Die Geschichte
zweier Freunde, zweier
Lebenswege, zweier Lieben –
reich an starken Bildern und
Gefühlen und doch lausbü-
bisch und charmant erzählt.

Martin Walker
Germany 2064

Roman · Diogenes

detebe 24364, 432 Seiten
€ (D) 13.–/sFr 17.–*/€ (A) 13.40

Hauptkommissar Bernd
Aguilar ermittelt im
Deutschland von morgen.
Sein engster Mitarbeiter: ein
Roboter. Doch kann er diesem nach dem letzten Update
noch trauen? Martin Walker
hat unsere Chancen und
Möglichkeiten zu einem
atemberaubenden Roman
unserer Zukunft verdichtet.

Benedict Wells
Spinner

Roman · Diogenes

detebe 24384, 320 Seiten
€ (D) 12.–/sFr 16.–*/€ (A) 12.40

Jesper Lier, 20, weiß nur noch eines: Er muss sein Leben ändern, und zwar radikal. Er erlebt eine turbulente Woche und eine wilde Odyssee durch Berlin. Ein tragikomischer Roman über Freundschaft, das Ringen um seine Träume und über die Angst, wirklich die richtigen Entscheidungen zu treffen.

Donal Ryan
Die Sache mit dem Dezember

Roman · Diogenes

detebe 24378, 272 Seiten
€ (D) 12.–/sFr 16.–*/€ (A) 12.40

Der seltsame und stille Johnsey Cunliffe, der kaum je ein Wort sagt, erbt die Farm seiner kürzlich verstorbenen Eltern. Das Land soll das Kernstück eines millionenschweren Bauprojektes sein. Gerade als sich Johnsey das Glück zuwendet, wird er von allen Seiten unter Druck gesetzt. Er soll verkaufen. Doch genau das will er nicht.

Paulo Coelho
Veronika beschließt zu sterben

Roman · Diogenes

detebe 23305, 224 Seiten
€ (D) 10.–/sFr 13.–*/€ (A) 10.30

Die Geschichte einer unglücklichen jungen Frau, die sterben will und erst angesichts des Todes entdeckt, wie schön das Leben sein kann, wenn man darum kämpft und etwas riskiert. Ein wunderbares Buch über die Prise ›Verrücktheit‹, die es braucht, um den eigenen Lebenstraum Wirklichkeit werden zu lassen.

Friedrich Dönhoff
Ein gutes Leben ist die beste Antwort
Die Geschichte des Jerry Rosenstein

Diogenes

detebe 24343, 192 Seiten
€ (D) 12.–/sFr 16.–*/€ (A) 12.40

Jerry Rosenstein, 86, ist einer, der sich nicht unterkriegen ließ, weder als Jude in Europa noch als Homosexueller in Amerika. Er hat Auschwitz überlebt – und sich später finanzielle, sexuelle und geistige Freiheit erkämpft. Mit dem 40 Jahre jüngeren Friedrich Dönhoff macht er eine Reise auf den Spuren der Vergangenheit.

Joey Goebel
Vincent

Roman · Diogenes

detebe 23647, 448 Seiten
€ (D) 11.90/sFr 17.90*/€ (A) 12.30

Kunst kommt von Kummer: Nach diesem Motto wird der hochbegabte Vincent von seinem ›Beschützer‹ Harlan zu Hochleistungen getrieben. Je tiefer Vincent im Kummer versinkt, desto höher seine Kunst. Bringt er es fertig, trotzdem ein glücklicher Künstler zu werden?

Andrea De Carlo
Villa Metaphora

Roman · Diogenes

detebe 24371, 1088 Seiten
€ (D) 14.–/sFr 19.–*/€ (A) 14.40

Auf einer entlegenen Insel im Mittelmeer liegt das Luxusresort Villa Metaphora: ein Mikrokosmos, in dem wilde Natur auf raffinierte Zivilisation trifft, internationale Gäste auf lokales Personal. Doch das Idyll entpuppt sich als eine luxuriöse Falle.

detebe 24299, 368 Seiten
€ (D) 11.90/sFr 17.90*/€ (A) 12.30

Paperback 30030, 368 Seiten
€ (D) 16.–/sFr 21.–*/€ (A) 16.50

detebe 24373, 288 Seiten
€ (D) 13.–/sFr 17.–*/€ (A) 13.40

Belgrad – eine europäische Metropole, so nah und doch so fern. Unter der kundigen, atmosphärischen Führung der Kriminologin Milena Lukin erschließt sich nicht nur ein aufsehenerregendes Verbrechen, sondern eine faszinierende Stadt im Brennpunkt europäischer Geschichte.

Senator Brian Paulson will die Bandenkriminalität in Boston stoppen. Als seine Putzfrau Jenna ein Foto von ihm und einem Gangsterboss entwendet, geraten die Dinge außer Kontrolle. Das Detektivduo Kenzie & Gennaro soll ermitteln und befindet sich plötzlich im Straßenkrieg. Das Debüt von Dennis Lehane in neuer Übersetzung.

Der Commissario wird zu einem ungewöhnlichen Tatort gerufen, der altehrwürdigen Biblioteca Merula. Wertvolle Folianten liegen aufgeschlitzt da, und der amerikanische Forscher, der ein Dauergast war, ist verschwunden. Commissario Brunetti entdeckt eine eigenartige Welt: einen florierenden Schwarzmarkt für Bücher.

Kriminalromane

Paperback 30040, 368 Seiten
€ (D) 16.–/sFr 21.–*/€ (A) 16.50

Als im mondänen Tennisclub von Montevista ein Eindringling auftaucht, verlässt Ginny Fablon für ihn den Verlobten. Für Detektiv Archer ein klarer Fall von enttäuschter Liebe – bis Verbindungen auftauchen zu einem Selbstmord und Spielschulden. *Schwarzgeld* ist eine Abrechnung mit dem amerikanischen Traum.

Illustration: © Tomi Ungerer

detebe 24359, 432 Seiten
€ (D) 13.–/sFr 17.–*/€ (A) 13.40

Saint-Denis im Périgord ist ein Sehnsuchtsort für viele. Auch für einige, die hier aufgewachsen sind. Doch als ein autistischer Junge aus Saint-Denis auf einer französischen Armeebasis in Afghanistan auftaucht und nach Hause möchte, ist unklar, ob als Freund oder Feind. Dies herauszufinden ist die dringende Aufgabe für Bruno, *Chef de police*.

detebe 24313, 224 Seiten
€ (D) 12.–/sFr 16.–*/€ (A) 12.40

Die Geschichte um das wertvolle Dahlienbild erreicht einen neuen Höhepunkt: Carlos zittert um die entführte María Moreno und bringt Allmen dazu, Dinge zu tun, die dieser sich nie hätte träumen lassen. Ein raffinierter Krimi voller Action und Spannung.

detebe 24368, 208 Seiten
€ (D) 12.–/sFr 16.–*/€ (A) 12.40

Ein prominenter Basler Banker stirbt im Krankenhaus unter merkwürdigen Umständen. Hat sein Tod etwa mit dem weltweiten Druck auf Schweizer Banken zu tun, oder geht es um andere dunkle Seiten der Eidgenossenschaft? Hunkeler ist im Ruhestand, das geht ihn eigentlich alles nichts an. Nur hat er zufällig etwas gesehen, was ihm keine Ruhe lässt.

detebe 21545, 176 Seiten
€ (D) 9.90/sFr 14.90*/€ (A) 10.20

Vier Mitglieder der ›Ökologischen Front‹ sind wegen Mordes an dem Vorstandsvorsitzenden der ›Rheinmainfarben-Werke‹ angeklagt. Zwar geben sie zu, einen Anschlag verübt zu haben, bestreiten aber jede Verbindung mit dem Mord. War eine fünfte Person beteiligt? Kayankaya ermittelt.

detebe 23942, 336 Seiten
€ (D) 9.90/sFr 14.90*/€ (A) 10.20

Auf einer Anhöhe mit Blick auf Florenz steht das Landgut des Signor Paoletti. Doch so nobel, wie Paoletti tut, ist er bei weitem nicht. Mehr als einen schwarzen Fleck hat er auf seiner Weste, und als Guarnaccia die ›Personalvermittlung‹ näher untersucht, die Paoletti betreibt, wird der Maresciallo handfest bedroht.

detebe 24380, 368 Seiten
€ (D) 13.–/sFr 17.–*/€ (A) 13.40

Warum geht es in Griechenland nicht endlich aufwärts? Die unbekannte Gruppierung ›Griechen der fünfziger Jahre‹ glaubt die Schuldigen zu kennen. Aber geht die jüngste Mordserie wirklich auf ihr Konto? Und wer steckt dahinter? Kommissar Charitos ermittelt im Chaos von Athen.

Lukas Hartmann
Finsteres Glück
Roman · Diogenes

detebe 24094, 320 Seiten
€ (D) 12.–/sFr 16.–*/€ (A) 12.40

Das Leben des achtjährigen Yves wird in einer einzigen Sekunde brutal entzweigerissen, in ein Vorher und Nachher. Die Psychologin Eliane Hess, die ihm über den Verlust der Eltern hinwegzuhelfen versucht, ist gleichzeitig erschüttert und fasziniert von dem traumatisierten Jungen. Ein berührender Roman über Geborgenheit und Verlust.

Martin Suter
Die dunkle Seite des Mondes
Roman · Diogenes

detebe 23301, 320 Seiten
€ (D) 12.–/sFr 16.–*/€ (A) 12.40

Starwirtschaftsanwalt Urs Blank hat seine Gefühle im Griff. Doch dann gerät sein Leben aus den Fugen. Ein Trip mit halluzinogenen Pilzen führt zu einer gefährlichen Persönlichkeitsveränderung, aus der ihn niemand zurückzuholen vermag. Blank flieht in den Wald. Bis er endlich begreift: Es gibt nur einen Weg, um sich aus diesem Alptraum zu befreien.

Patrick Süskind
Das Parfum
Die Geschichte eine Mörders
Diogenes

detebe 22800, 336 Seiten
€ (D) 12.–/sFr 16.–*/€ (A) 12.40

Die spannende Geschichte – märchenhaft, witzig und zugleich fürchterlich angsteinflößend – vom finsteren Helden Grenouille. »Eines der erfolgreichsten deutschsprachigen Bücher aller Zeiten. *Das Parfum* ist ja nicht nur ein berühmtes, sondern vor allem ein sehr geliebtes Buch.«
Stern, Hamburg

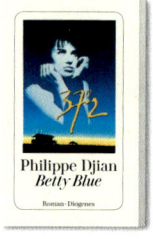

Philippe Djian
Betty Blue
Roman · Diogenes

detebe 21671, 400 Seiten
€ (D) 13.–/sFr 17.–*/€ (A) 13.40

Die Geschichte eines verkappten Schriftstellers und seiner Freundin Betty, des durchgeknallten Mädchens, das sich Ärger einholt wie andere frische Brötchen. Die Traurigkeit und nervöse Spannung der Story vermischt sich mit Leichtigkeit und Kraft, einer Portion rotziger Weisheit, die typisch ist für Djian.

Dennis Lehane
In der Nacht
Roman · Diogenes

detebe 24315, 592 Seiten
€ (D) 14.–/sFr 19.–*/€ (A) 14.40

Amerika während der Prohibition. Joe Coughlin, ein kleiner Handlanger des Syndikats in Boston, steigt in Florida zum mächtigsten Rum-Schmuggler seiner Zeit auf. Und setzt sein Leben aufs Spiel – aus Liebe zu einer Frau. Ein atemloses literarisches Gangster-Epos.

Dennis Lehane
Shutter Island
Roman · Diogenes

detebe 24335, 432 Seiten
€ (D) 12.–/sFr 16.–*/€ (A) 12.40

Die US-Marshals Daniels und Aule sollen im Fall einer Kindsmörderin ermitteln, die von der Gefängnisinsel Shutter Island geflohen ist. Als sie dort ankommen, erhalten sie verschlüsselte Botschaften, die sie immer tiefer in den düsteren Bau und die Machenschaften der Ärzte führen. Nichts ist so, wie es scheint.

Verfilmte Romane

Doris Dörrie
Alles inklusive

Roman · Diogenes

detebe 24193, 256 Seiten
€ (D) 10.90/sFr 16.90*/€ (A) 11.30

Ein Sommer in Spanien, nach dem nichts mehr so sein kann, wie es war. Vier äußerst unterschiedliche Menschen, alle auf der Suche nach der Sonnenseite des Lebens. Aber kann man das Glück buchen wie einen Urlaub, alles inklusive?

Benedict Wells
Becks letzter Sommer

Roman · Diogenes

detebe 24022, 464 Seiten
€ (D) 12.–/sFr 16.–*/€ (A) 12.40

Ein liebeskranker Lehrer, ein ausgeflippter Deutschafrikaner und ein musikalisches Wunderkind aus Litauen auf dem Trip ihres Lebens, von München durch Osteuropa nach Istanbul. Ein Roman über die Musik, die Liebe und das Leben – schräg, witzig, weise und berührend.

Patricia Highsmith
Carol
oder
Salz und sein Preis

Roman · Diogenes

detebe 24324, 464 Seiten
€ (D) 13.–/sFr 17.–*/€ (A) 13.40

Eine eindringliche und leidenschaftliche Geschichte zweier Frauen, die sich entschlossen haben, den Preis für ein Leben zu zahlen, das sich außerhalb der konventionellen gesellschaftlichen Bahnen bewegt. Ein mutiger Roman über eine ungewöhnliche Liebe, ihre Anfechtungen und ihren Sieg.

F. Scott Fitzgerald
Der große Gatsby

Roman · Diogenes

detebe 23692, 256 Seiten
€ (D) 11.–/sFr 15.–*/€ (A) 11.40

New York 1922. Auf seinem Anwesen in Long Island gibt Jay Gatsby sagenhafte Feste. Er hofft, mit seinem neuerworbenen Reichtum, mit Swing und Champagner seine verlorene Liebe zurückzugewinnen. Zu spät merkt er, dass er sich von einer romantischen Illusion hat verführen lassen.

detebe 24155, 832 Seiten
€ (D) 14.–/sFr 19.–*/€ (A) 14.40

365 kurze Geschichten für jeden Tag des Jahres, Geschichten als literarische Kalenderblätter: zum Lesen nach dem Aufstehen oder im Bett, bevor man das Licht ausschaltet. Zum Lesen während der Fahrt zur Arbeit, beim Warten auf den Bus, als literarisches Dessert nach dem Essen oder als Verschnaufpause für Kopf und Seele zwischendurch.

detebe 24158, 336 Seiten
€ (D) 11.–/sFr 15.–*/€ (A) 11.40

Ein Wolfshund aus Alaska kämpft ums Überleben, während ein apartes Boxerhündchen oder ein Pudel mit edlem Stammbaum herumstolziert. Und welche Namen: Krambambuli, Macho und Klara, der Baron, Victor, Kaschtanka, Blitz – so heißen nur einige der vierbeinigen Helden, die um Aufmerksamkeit hecheln, bellen und wedeln.

detebe 24159, 288 Seiten
€ (D) 11.–/sFr 15.–*/€ (A) 11.40

In diesem Band sind die schönsten klassischen Katzengeschichten der Weltliteratur vereint mit modernen Haustigergeschichten von Bestsellerautoren wie z. B. Patricia Highsmith und Ingrid Noll. Geschichten, die poetisch, anschmiegsam, eigensinnig, anmutig, geheimnisvoll, wild oder kratzbürstig sind.

detebe 24190, 288 Seiten
€ (D) 9.90/sFr 14.90*/€ (A) 10.20

Sommerzeit – Lesezeit. Aber weder Mücken noch meteorologische Widrigkeiten sind die schlimmsten Störenfriede beim Lesevergnügen. Vielmehr sind es nervige Nichtleser, die stören. Deshalb enthält *Endlich Ferien!* neben spannenden Erzählungen ein praktisches Türschild: ›Bitte nicht stören. Ich lese.‹

detebe 24085, 288 Seiten
€ (D) 10.90/sFr 16.90*/€ (A) 11.30

Egal, ob es Sie dieses Jahr an einen Sand- oder Kiesstrand zieht, an die Nord- oder Ostsee, ans Mittel-, Rote oder ans Schwarze Meer, in die Karibik oder auf die Kanaren… Und auch weniger exotisch im städtischen Freibad oder in der eigenen Badewanne büßt das *Strandlesebuch* nichts an Unterhaltungswert ein.

detebe 24066, 400 Seiten
€ (D) 12.–/sFr 16.–*/€ (A) 12.40

Das *Schlaflose-Nächte-Buch* versammelt spannende und entspannende Geschichten von Bestsellerautoren wie John Irving, Bernhard Schlink, Ingrid Noll und Martin Suter. Ein Buch, das die allzu hellen Nächte in eine spannende literarische Entdeckungsreise verwandelt.

detebe 24223, 240 Seiten
€ (D) 7.90/sFr 10.90*/€ (A) 8.20

In einem Satz: Dieses Buch
mit sage und schreibe
200 Geschichten passt in
jede Tasche, denn diese Geschichten sind nur einen
einzigen Satz bis maximal
fünf Sätze lang und
noch dazu spannend,
komisch, verrückt, leidenschaftlich, melancholisch
und ergreifend.

detebe 24357, 288 Seiten
€ (D) 10.–/sFr 13.–*/€ (A) 10.30

Eins ist sicher, Südfrankreich
ist mörderisch schön. Neben
Lavendelfeldern, Weingärten
und gelben Sandstränden
blühen Verbrechen und
gefährliche Sommerlügen.
Geschichten von Meistern
krimineller Abgründe:
Martin Walker, Jean-Claude
Izzo und vielen anderen.

detebe 24356, 272 Seiten
€ (D) 10.–/sFr 13.–*/€ (A) 10.30

Vor italienischen Traum-
kulissen lässt sich gut leben –
aber auch elendiglich sterben.
Doch nicht nur von Mafia-
bossen und Kriminellen
droht Gefahr, sondern auch
von Autofahrern und Bade-
gästen. Geschichten von
Donna Leon, Andrea
De Carlo und vielen mehr.

Anthologien

detebe 24186, 288 Seiten
€ (D) 9.90/sFr 14.90*/€ (A) 10.20

Dieses Buch lädt ein, über
das Wandern zu lesen:
als Naturerlebnis, als Pilger-
gang, aber auch als Spaziergang oder Flanieren in der
Stadt. »Wie tut ein wildes
Wandern wohl«, schwärmt
Joachim Ringelnatz, dessen
literarische Wandergesellen
in dieser Anthologie u. a.
Patrick Süskind und Doris
Dörrie heißen.

detebe 23601, 192 Seiten
€ (D) 10.–/sFr 13.–*/€ (A) 10.30

»In einer kleinen Stadt an
der Ostsee treffen zufällig
sechs Gestalten zusammen:
›Der Junge‹; Gregor, der
KPD-Funktionär; Judith, die
Jüdin; am Ort selbst befinden
sich der Pfarrer Helander;
Knudsen, der Fischer und
Kutterbesitzer; als Letzter die
Holzplastik des ›Lesenden
Klosterschülers‹. Und diese
sechs Gestalten haben kein
anderes Anliegen, als
Deutschland zu verlassen…

detebe 20118, 160 Seiten
€ (D) 9.–/sFr 12.–*/€ (A) 9.30

Die Fabel vom Aufstand der
Tiere des Farmers Jones und
vom allmählichen Umschlag
der Revolution in ihr den
Status quo ante wiederher-
stellendes Gegenteil gehört
zu den bekanntesten literari-
schen Werken des 20. Jahrhunderts. Der Satz ›Alle
Tiere sind gleich, aber einige
Tiere sind gleicher als andere‹
wurde zum geflügelten Wort.

detebe 20266, 400 Seiten
€ (D) 11.90/sFr 17.90*/€ (A) 12.30

Während eines Urlaubs lernt
Gurov eine junge Dame mit
einem Hündchen kennen,
von der er sich Abwechslung
verspricht. Aber die kindlich
wirkende Frau, der er nahe-
kommt, entspricht so wenig
der Vorstellung, die er sich
bisher von der ›niederen
Rasse‹ Frau gebildet hat, dass
er sich ganz verwandelt fühlt.

detebe 21100, 208 Seiten
€ (D) 12.–/sFr 16.–*/€ (A) 12.40

Eine Ansammlung von
Hütten im mexikanischen
Dschungel. Ein Fluss voller
Krokodile, darüber eine
wacklige Brücke, die zwei
Welten verbindet: auf der
einen Seite die moderne
Technik der weißen Siedler,
auf der anderen das einfache,
traditionelle Leben der
Indianer. Travens
bedeutendster Roman.

detebe 23977, 496 Seiten
€ (D) 12.–/sFr 16.–*/€ (A) 12.40

Sein Großvater hat dem
Kaiser in der Schlacht bei
Solferino das Leben gerettet.
Sein Vater ist ein pflicht-
bewusster Beamter der k.u.k.
Monarchie. Doch Carl
Joseph von Trotta ist sensibel
und zartbesaitet. Während
die alten Gewissheiten zer-
bröckeln, sucht er Ablenkung
von seiner Schwäche im Spiel,
im Alkohol, bei den Frauen.

detebe 24319, 544 Seiten
€ (D) 14.–/sFr 19.–*/€ (A) 14.40

Wiedersehen mit Brideshead
ist das englische Gegenstück
zum amerikanischen *Großen
Gatsby:* das Porträt der
Schönen und Reichen in den
Jahren zwischen den Welt-
kriegen, die Chronik einer
Vertreibung aus dem Paradies
bei Anbruch der modernen
Zeit – und die Geschichte
einer unmöglichen Liebe.

detebe 23045, 160 Seiten
€ (D) 10.–/sFr 13.–*/€ (A) 10.30

Friedrich Dürrenmatt
Der Besuch der alten Dame

Claire Zachanassian kehrt als steinreiche Frau in ihr Heimatdorf Güllen zurück, wo ihr einst das Herz gebrochen und die Ehre geraubt wurde. Nun will sie sich rächen und bietet der Güllener Bevölkerung eine Milliarde dafür, dass ihr damaliger Liebhaber Ill für sein Vergehen mit dem Tod bestraft wird.

detebe 20088, 496 Seiten
€ (D) 12.90/sFr 18.90*/€ (A) 13.30

W. Somerset Maugham
Auf Messers Schneide

Maughams anspruchsvollster ›philosophischer‹ Roman gibt ein farbiges Porträt der 20er-Jahre. Ein junger Amerikaner protestiert, indem er sich entzieht; sein Trip nach Chicago über Europa nach Indien zu einer neuen Lebenshaltung wird zum Protokoll einer von Arbeit, Erfolg und Amüsement gehetzten Gesellschaft – und einer verwirklichten Alternative.

detebe 21509, 384 Seiten
€ (D) 9.90/sFr 14.90*/€ (A) 10.20

Jack London
Der Seewolf

Aus den Wellen des Meeres wird der bei einer Fährboot-Havarie über Bord geschleuderte Literaturkritiker Humphrey van Weiden von einem Robbenfang-Schoner gerettet. Auf dem Schoner erwartet den weltfremden Mann ein harter Existenzkampf: mit dem dämonischen Kapitän, und der primitiven, aber lebenstüchtigen Mannschaft.

detebe 24225, 288 Seiten
€ (D) 9.90/sFr 14.90*/€ (A) 10.20

Carson McCullers
Frankie

Frankie ist die Geschichte eines Reifeprozesses und einer großen Sehnsucht, der Sehnsucht, dabeizusein: beim Leben der Erwachsenen, hier bei der Hochzeit des Bruders, der von einer fremden Frau entführt wird.

*unverbindliche Preisempfehlung
Preisänderungen vorbehalten

Moderne Klassiker

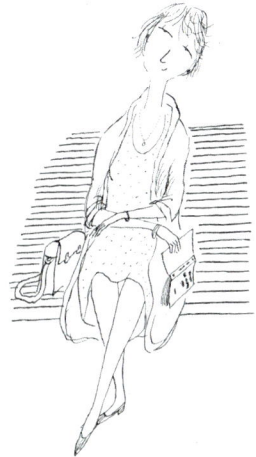

Illustration: © Jean-Jacques Sempé

diogenes deluxe –
lesen, lieben, schenken

Meir Shalev
Mein Wildgarten

Aus dem Hebräischen von
Ruth Achlama
Mit 40 Illustrationen von
Refaella Shir

Ein Garten im Norden Israels, mit Anemonen, Mohnblumen, Alpenveilchen, Klematis, mit Feigen, Birnen und einem alten Zitronenbaum. Der israelische Schriftsteller Meir Shalev hat in der freien Natur Samen gesammelt und diesen Garten angelegt, der so wild und bunt sprießt wie seine Phantasie. »Dieses Buch«, schreibt er, »ist weder ein Gartenratgeber noch ein Lehrbuch für Botanik. Es ist nur eine Sammlung von Notizen über einen Wildgarten und über einen Gärtner, der ihn hegt und pflegt, einen Mann, der recht spät ein Hobby gefunden hat, vielleicht sogar eine neue Liebe.«

In Meir Shalevs Garten blühen tausend Geschichten über das Leben, die Liebe, die Kunst und die Natur. Er verrät uns aber auch Praktisches über den Umgang mit Blumen und Schädlingen, über das Einlegen von Oliven und Gurken und über die Kunst, einen guten Limoncello herzustellen.

»Meir Shalev ist ein begnadeter Fabulierer.«
Elmar Krekeler / Die Welt, Berlin